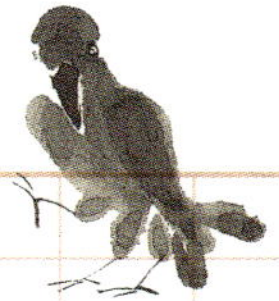

もくじ

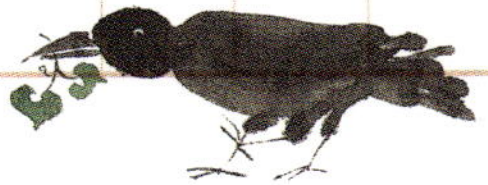

春夏秋冬

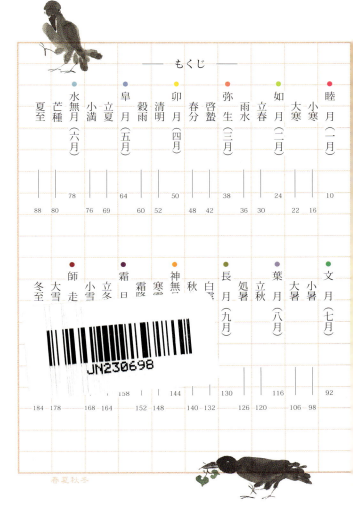

貴船神社
22 由岐神社
三千院
延暦寺
神光院
16
1 上賀茂神社
8 今宮神社
15 狸谷山不動院
金閣寺
9 玄武神社
6 下鴨神社
5 北野天満宮
28 千本釈迦堂
13 白峯神宮
京都御所
琵琶湖
23 護王神社
14 安楽寺
21 平安神宮
南座 24
12 八坂神社
恵美須神社 2
19 祇園
20
六道珍皇寺
29
東寺
3 泉涌寺
4 伏見稲荷大社

『京都のいちねん』イベントマップ

※次ページからのイベントカレンダーと合わせてご覧ください。

『京都のいちねん』イベントカレンダー

※❶〜は前ページの地図と連動しています。

1月

- 1月7日／白馬奏覧神事／❶上賀茂神社（18ページ）
- 1月8日〜12日／十日ゑびす／❷恵美須神社（20ページ）
- 成人の日／七福神巡り／❸泉涌寺（21ページ）

2月

- 節分／鬼やらい／各地の社寺（28ページ）
- 2月の最初の午の日／初午／❹伏見稲荷大社（32ページ）
- 2月25日／梅花祭／❺北野天満宮（37ページ）

3月

- 3月3日／桃花神事／❶上賀茂神社（40ページ）
- 流し雛／❻下鴨神社（40ページ）
- 旧暦2月15日／涅槃会／各地の寺（44ページ）
- 3月15日／お松明式／❼清凉寺（46ページ）

4月

- 4月8日／花祭り／各地の寺（54ページ）
- 4月第2日曜日／やすらい祭／❽今宮神社 ❾玄武神社（56ページ）
- 4月13日／十三詣り／❿住法輪寺（59ページ）
- 4月29日／志明院大祭／⓫岩屋山志明院（62ページ）

5月

● 5月5日／競馬／❶上賀茂神社（68ページ）
● 5月12日／御蔭祭／❻下鴨神社（72ページ）
みあれ祭／❶上賀茂神社（72ページ）
● 5月15日／葵祭／❻下鴨神社 ❶上賀茂神社（74ページ）

6月

● 6月10日／田植祭／❹伏見稲荷大社（82ページ）
● 6月30日／夏越の祓／各地の神社（90ページ）

7月

● 7月1日〜31日／祇園祭／⓬八坂神社（94ページ）
● 7月7日／七夕／❺北野天満宮 ⓭白峯神宮（98ページ）
● 7月25日／かぼちゃ供養／⓮安楽寺（108ページ）
● 7月28日／火渡り／⓯狸谷山不動院（108ページ）
● 土用の丑の日とその前日／きゅうり封じ／⓰神光院 ⓱蓮華寺（108ページ）
● 土用の丑の日／みたらし祭／❻下鴨神社 御手洗社（井上社）（109ページ）
● 7月31日／夏越祭／⓬八坂神社 疫神社（110ページ）
● 7月31日〜8月1日／千日詣／⓲愛宕神社（113ページ）

8月

● 8月1日／八朔／⓳祇園（118ページ）
● 8月7日〜10日／六道まいり／⓴六道珍皇寺（121ページ）

9月

●9月9日／重陽の節句（134ページ）

10月

●10月15日〜17日／神嘗祭／各地の神社（150ページ）

●10月22日／時代祭／㉑平安神宮（152ページ）

火祭り／㉒由岐神社（154ページ）

11月

●11月1日／亥子祭／㉓護王神社（160ページ）

●11月23日／お火焚祭／⓭白峯神宮（163ページ）

●11月25日／まねき上げ／㉔南座（173ページ）

12月

●12月1日〜／鯉揚げ／㉕広沢池（174ページ）

●12月の主に土日／大根焚き／㉖了徳寺 ㉗三宝寺 ㉘千本釈迦堂（176ページ）

※日程は場所により異なります。

●12月8日／針供養／❿法輪寺（178ページ）

●12月13日／事始め／⓳祇園（180ページ）

●12月13日〜／大福梅／❺北野天満宮（181ページ）

●12月21日／しまい弘法／㉙東寺（182ページ）

●12月31日／おけら詣り／⓬八坂神社 ❺北野天満宮（189ページ）

言葉の説明

※本文には京都独特の言葉がいくつか出てきます。ここでまとめてご説明します。

お水取り（25ページ）

三月、奈良の東大寺にて行われる「お水取り」の名は、若狭から送られたお水を東大寺にて取り上げる儀式から。関西に暮らす人たちにとっては、春を告げる行事です。

涅槃までは（25ページ）

冬の寒さも涅槃会（44ページ）のころには終わるということ。

雑節《ざっせつ》（97ページ）

二十四節気、五節句以外の日本独特の生活に溶け込んだ暦日のことです。節分、彼岸、社日、八十八夜、入梅、半夏生、土用、二百十日、二百二十日が主な雑節といわれています。

おくどさん（163ページ）

京都では竈《かまど》そのものを意味します。

おけら詣り（189ページ）

十二月三十一日の大晦日、京都の年越しを代表する風物詩です。八坂神社と北野天満宮で行われています。御神火に多年草のおけら木を加えた「おけら火」を吉兆縄にいただいて家に持ち帰り、この火で新年のお雑煮を炊いたり、神棚の灯明に火をともしたりすると、一年間無病息災で過ごせると言われています。

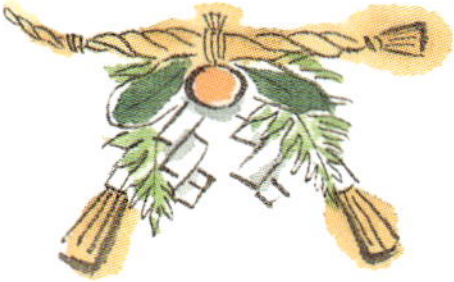

睦月 むつき

しずかな　しずかな
がんじつのあさは、
いつも
くうきが、
すみきっています。

元旦《がんたん》。あらたまる朝。いろんなことを心新たにはじめる朝。年が明けただけで、いつもと同じはずの朝は、けれど変わらないはずの何かが、確かに変わったように感じます。「コトッ」淀《よど》みなく澄《す》んだ空気に、おせちの器を並べる音も清清《すがすが》と響く静かな朝。

京都のお雑煮は、白味噌《みそ》。うちでは、白味噌の風味が損なわれないように、焼かずに茹《ゆ》でた丸餅《もち》を二つ入れ、糸削りの鰹節《かつおぶし》をふわっとのせただけの簡単なもの。でもこの簡素さが初めの朝にとても合っているような気がしています。普段はすっかり忘れているのに、三が日だけは、どうしても食べたくなる味。いつも食べすぎてしまって、おせち料理にまで、お箸《はし》が進まないくらいです。（ちなみに祝い箸の両端が細くなっているのは、歳神様と一緒にお食事することを意味しています。神様、お雑煮ばかり食べてごめんなさい。）

神様と家族への「明けましておめでとうございます」の挨拶《あいさつ》と白味噌のお雑煮で我が家の一年は、ゆるゆると始まるのでした。

氏神様に初詣《はつもうで》。
郵便受けに年賀状。
たあいないおしゃべりに初笑い。
二日の夜には、いい初夢が見れるかなぁ……。

春つげ鳥の声で

目ざめました。

小寒

二十四節気の一つ。一月六日頃。まだまだこれから寒くなっていくという時季。寒の入り。

窓から低く差し込む日の光が眩《まぶ》しい一月。日の差す時間は、少しずつ長くなってきてるんだけど、庭の手水鉢《ちょうずばち》に氷が張っています。寒がりな私とメダカにはもう少し辛《つら》い季節が続きますが、今だけの楽しみもあります。しんと静まりかえった神社仏閣でのひとときや、雪景色。そして寒いからこそのお楽しみといえば、もちろん温かい食べ物です。

京都の冬は、湯豆腐に、蒸し寿司《ずし》、すぐき漬けや千枚漬けといった冬のお漬け物など、美味《おい》しいものが目白押し。なかでも「酒粕《さけかす》」は私にとって冬の一番の楽しみです。京都にいくつかある酒蔵で、お酒造りの副産物としてできた搾《しぼ》りたて、特に大吟醸の酒粕。しっとりとして柔らかく、味も香りもほんのり甘くて……。普段お酒を口にしない私が、ついついつまんで食べてしまう。この酒粕と冬の京野菜などで作る粕汁に、ショウガと京七味をたっぷりのせて食べれば、どんなに寒くても小汗をかくぐらいぽかぽか。

粕汁以外にも、寒いほど甘くなるかぶらや大根を使って、鍋《なべ》や煮炊き物もいいですね。ほわほわと立ちのぼる白い湯気。何となく幸せを感じる冬のひとときです。

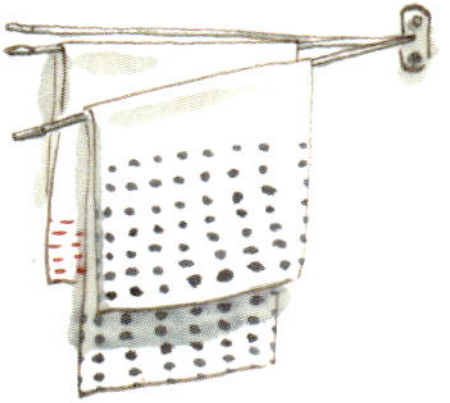

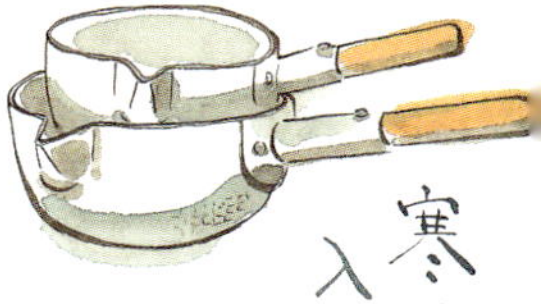

七草がゆ

——コトコト、コトコト——
一月七日は人日《じんじつ》の節句。
過去一年の厄払いをして、
次の一年の無病息災と
招福を祈願する日です。
だから朝から
——コトコト、コトコト——
お米を水に三十分つけ置き、
土鍋で炊くこと四、五十分。
——コトコト、コトコト——
あらかじめ刻んでおいた
春の七草を入れ塩で味を調える。
——コトコト、コトコト——
七草がゆのできあがり。

一月七日の朝に七草がゆを食べて無病息災を願う行事は中国から伝わったのだそうですが、今では、お正月のお食事で疲れた胃の負担を和らげる意味もあります。どちらにしても一つの区切りをつける日ですね。

芹《せり》、薺《なずな》、御形《ごぎょう》、繁縷《はこべら》、仏《ほとけ》の座《ざ》、菘《すずな》、蘿蔔《すずしろ》。親しみやすい名でいうと、大根やかぶらやペンペン草です。昔はその辺で簡単に手に入ったんでしょうね。自分で草を摘むことにも、きっと意味があったのでしょうが、今はお店のパックで購入。少し味気ないですが、こういった習慣が残っていることこそが、とっても大切で幸せなことなんだと思います。

人日《じんじつ》の日には もうひとつ 白馬《はくば》奏覧《そうらん》神事

年の初めに白馬（青馬）を見ると、その年の邪気を祓うことができるのだそうです。白馬《はくば》奏覧神事《そうらんしんじ》は、そんな中国の故事に則《のっと》った宮廷儀式「白馬節会《あおうまのせちえ》」に倣《なら》った神事。

御神前に七草がゆを供え、神馬を曳いて神前に進み大豆を与える「御馬飼《おうまかい》の儀」が行われます。

境内では、厄除けの七草がゆがふるまわれますよ。

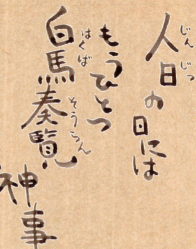

冬を終え
春を呼び
いちねんの
安寧を
願う
上賀茂神社

年が明けて心機一転。今年最初のお参りのあとに、忘れてならないお参りが二つ。

まずは十日ゑびす。八日から十二日まで「えべっさん」の愛称で知られる祇園《ぎおん》の恵美須《えびす》神社へ参拝して、商売繁昌・家運隆昌を祈願します。境内ではお馴染《なじ》みの福笹《ふくざさ》やお飾りの授与が行われますが、特徴的なのは、藁《わら》を丸く編んで朱《あか》い布と人形をあしらった「人気おおよせ」。これは「商売繁盛」や「人がたくさん集まる」という縁起もの。直径十センチぐらいから始めて、毎年少しずつ大きなものに買い換えます。京都のあちこちの店先でよく見かけますね。

私もその変化を励《はげ》みにしようと毎年買っていたのですが……。ちょっと大きくなりすぎました。それで今年、買う時に聞いてみると、大きくなったら、小さいのにもどしても別にかまわないとの

こと。「ほっ」今はこぶりの朱い傘が部屋にかわいく飾られています。

もう一つは、毎年成人の日に行われる泉涌寺《せんにゅうじ》の七福神巡り。境内のお寺を福笹をもって順番に参拝し、それぞれがお祀《まつ》りする福の神、福禄寿《ふくろくじゅ》・弁財天《べんざいてん》・恵比寿・布袋《ほてい》尊・大黒天・毘沙門《びしゃもん》天・寿老人とご縁を結び、福徳を授かります。さらに番外の愛染《あいぜん》明王、楊貴妃《ようきひ》観音を参拝して、七福ならぬ、九福。久福ともいって永久に福が授かる、幸せがずっと続く福巡りです。私は「丈六《じょうろく》さん」と呼ばれる戒光寺《かいこうじ》の大きな釈《しゃ》迦《か》如来と、泉涌寺の楊貴妃観音様がとても好きなので、毎年楽しみにしています。

氏神様への初詣から、十日ゑびすに、七福神。この三つが、私の年の初めの縁起かつぎ。今年もなにとぞ、よろしくお願いします。

息白く凍る冬の朝

二十四節気の一つ。一月二十日頃。一年中で一番寒さが厳しいとされる日。

雪風が舞うと冷たくて耳が痛い。正しく「大寒《だいかん》」。「さむいさむい」としか言わない私は、先人の季節に対する感性にいつも感心してしまう。

そんな冷え込んだ朝には、よく「托鉢《たくはつ》」を思い出す。私が托鉢を冬の朝と結びつけてしまうのは、小学校の頃、学校の行きしによくすれ違った、雲水《うんすい》さんの姿が印象的だったからだと思います。大きな声と白い息、素足にわらじで寒さをものともせず、背筋を伸ばして歩く。墨染めの衣に網代笠《あじろがさ》のいでたちは、子供の目には少し怖くもありました。

京都には、南禅寺《なんぜんじ》や東福寺《とうふくじ》、大徳寺《だいとくじ》、建仁寺《けんにんじ》など、禅宗のお寺が沢山あるので、修行僧である雲水さんが托鉢をする姿をよく見かけます。

「ほぉー」大きな声が聞こえてくると、母は「オーのおっさん（おぼうさん）がきはった」と言って、家の前に立たれた雲水さんにお米や石けんを渡していました。お布施をすることで雲水さんを通し仏様に感謝を表していたんですね。

田畑を耕さず漁もできない私は、身の回りのもの全てを誰かから受け取っていないと生きていけません。だから自分のできることをやり、誰かに渡します。近頃、そんな当たり前のことを考えられるようになったのは、時々家《うち》にきはる雲水さんの無言の法施《ほっせ》でしょうか。

おー
おー
雲水さんの声
ひんやりした
空気に
伝え
とどく
京の朝

如月《きさらぎ》

綿入れ

二月は「如月《きさらぎ》」。暦の上では春のやってくる月ですが、「衣《き》更着《さらぎ》」（衣を更に着る月）ともいうくらいなので暖かい春はもう少し先。母の口癖の「お水取りまで、まだ寒いえ」や「涅槃《ねはん》までは……」は、今では私の口癖です。

子供の頃に暮らしていたのは、いわゆる町家。鰻《うなぎ》の寝床と呼ばれる、間口が狭く奥に長い土間のある家です。近頃は良い意味でとても注目を集めている町家ですが、実際に住むとなるといろいろと大変。私にとっては冬の寒さ。とにかく寒くて、石油ストーブを点《つ》けこたつに入ってもまだ足りず、もう厚着するしかありません。ほんまに「衣《き》更着《さらぎ》」。だからこの時節は父と母と私、家族三人いつもコロコロ。母の作ってくれた綿入れで丸くなって暮らしていました。

母の仕事はお針子さん。お寺さんや法衣屋さんから注文を受けて袈裟《けさ》や着物を仕立てていました。そんな母は、布と綿《わた》と毛糸は絶対にほかさない人。それらは、お布団、おざぶとん、着物に洋服、前掛け、綿入れ、鞄《かばん》、巾着《きんちゃく》、敷物、リボンなど、何度も使い回してあらゆるものに変身します。

お洋服も全て母の手作りで、皆が着ているようなかわいい服を着たかった私はいつも不満でした。けれど今は、もう手元にない綿入れを思い出すだけで、ちょっぴりあったかい気持ちになるんです。

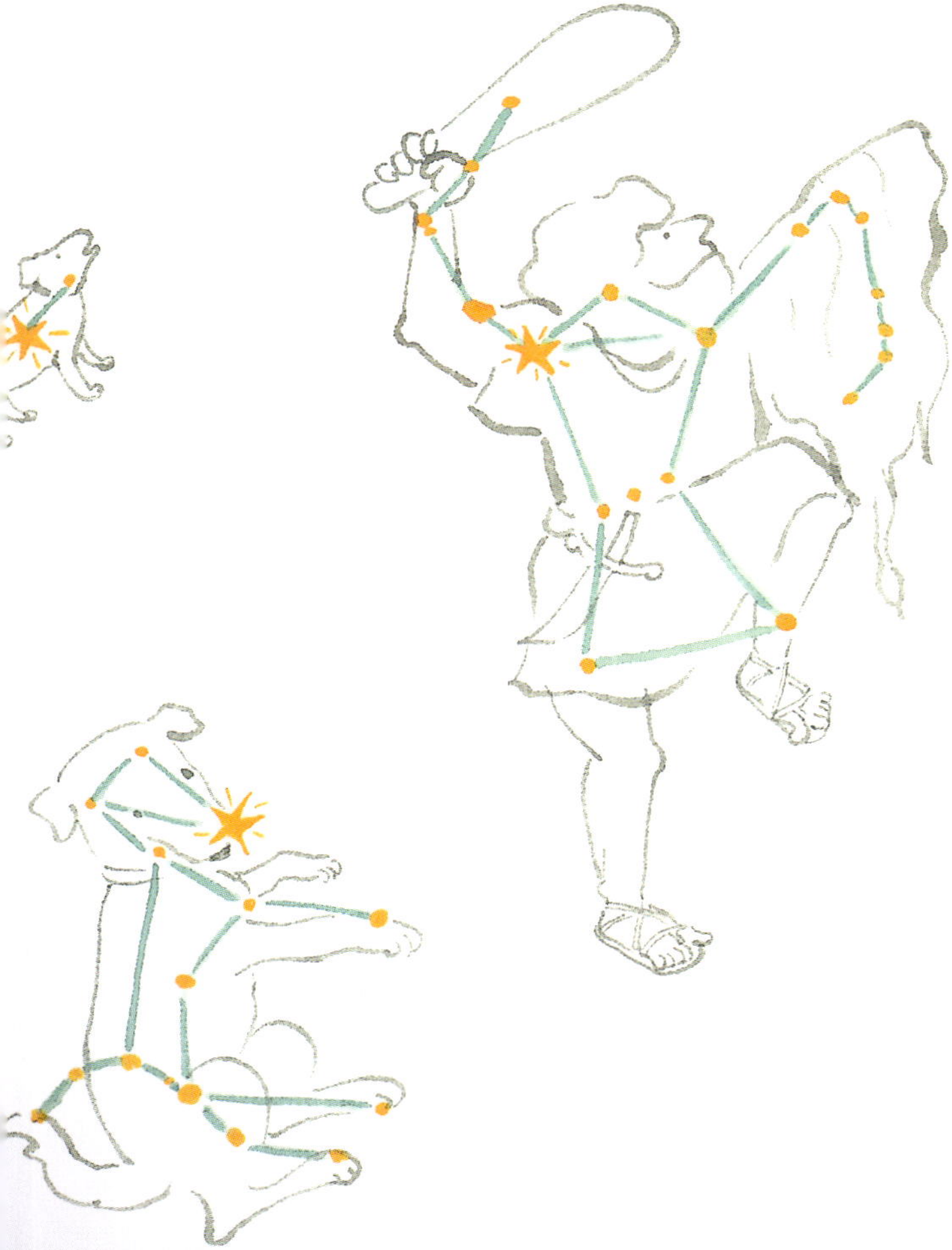

冴《さ》え渡る夜空に、星々がまたたく。

冬は最も星座が綺麗《きれい》に見える季節。晴れた日の夜ともなれば、空一面が星の物語の舞台になります。

冬の代表的な星座といえば、オリオン座。オリオンのベルトにあたる三つ星が目印なので、すぐに見つかります。オリオン座の一等星「ベテルギウス」、おおいぬ座の「シリウス」、こいぬ座の「プロキオン」を結んでできる三角形が「冬の大三角」。これが見つかるとどんどん他の星たちも見えてきます。まるで星座たちが「私も私もっ」と、顔をだすみたい。

オリオン座は、日本では「鼓星《つづみぼし》」というのだそうです。「それもいいなぁ」などと瞬《また》く星を見ている私は、いつも瞬《まばた》きを忘れています。

せちわかれ

節分は、季節の節目。立春、立夏、立秋、立冬。昔から季節の変わり目には悪い気がたまりやすいといわれます。特に立春の前日は、旧冬を送り去り新春を迎えるにあたって福豆をうつ「ついな」の行事をする日。「お節分」といえばこの日をさします。ついなで追い払うのは悪鬼や疫病。平安時代、大晦日《おおみそか》に宮中で行われていた行事が広まり、節分に豆をまき「鬼やらい」とも呼ばれるようになりました。鬼は姿の見えないもの「穏《おん》」が転じた呼び名、闇に隠れたもう一方の存在のことだそうです。疑心暗鬼などともいいますから、単に悪い事柄だけでなく、自分の心の中の隠れた暗い部分も含むのでしょう。役行者《えんのぎょうじゃ》の小《お》角《づの》さんが使役《しえき》していた二匹の鬼のように、ただ追い払うだけでなく改心した鬼をうまく取り込むことで、より良い日々を過ごせるのかもしれませんね。

京都でもあちこちで追儺《ついな》式《しき》や鬼やらいが行われます。神社やお寺によって鬼の意味《いみ》合《あ》いも少しずつ違い、中には福を運んできて

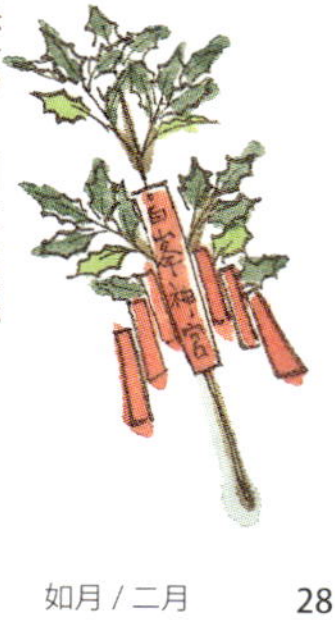

くれるような鬼もいて面白い。私も毎年、春の訪れを喜び、縁起を担いで豆まきをしています。想いを「言の葉」にのせて鬼門から順に豆をまいてお祓《はら》いをすると、私の中の鬼も反省するのでしょうか、終わる頃にはなんだかすっきり。心持ちが改まります。

ところで、追いやられて行き場のない鬼たちはどこへ行くのかというと、吉野《よしの》山の金峯《きんぷ》山寺《せんじ》の蔵《ざ》王堂《おうどう》へ行くのだそうです。

「福はうち、鬼もうち」

と迎え入れられた鬼たちは、一転人々を守ってくれる存在に変わるのだとか……。

この話を聞いて少し嬉《うれ》しくなりました。やっぱり何事にも逃げ道は大切ですよね。昔の人は偉い。

立春

二十四節気の一つ。二月四日頃。この日から春分までの間に、初めて吹く強い南風が「春一番」です。

立春ときいただけで
気持ちのまんなかに
ひだまりができ
あたたかくなります。
猫がのび ひとつ
私も ひとつ。

ここのところ
まったく見かけなくなった猫を
また 見かけるように なるころ。

ゆうゆう歩く猫
屋根の上の猫
公園の猫
うまれたばかりの春を
猫も探しているのかな。

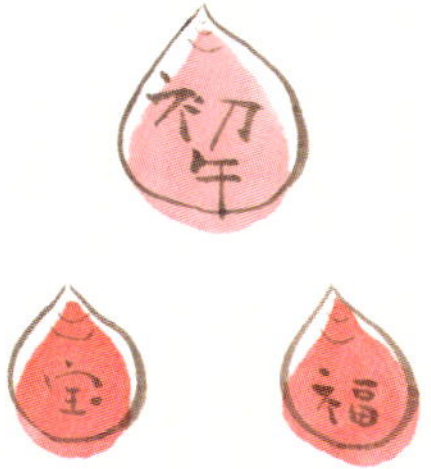

初午《はつうま》は、毎年二月の最初の午《うま》の日に行われる伏見《ふしみ》稲荷《いなり》大社の大祭です。この日は稲荷大神が初めて稲荷山三山にお鎮《しず》まりになった日とされ、人々は「福まいり」と称し、五穀豊穣《ほうじょう》や商売繁盛を祈ります。

伏見稲荷は日本中のお稲荷さんの総本山。初詣《はつもうで》には京都で一番多くの人が参拝するというお社は、この日もとても賑《にぎ》やか。私も毎年「しるしの杉」をいただいて、霊験あらたかなお稲荷様のお力を、分けてもらっています。

お山も
にぎわう
初午

お使いの
きつねさんも
大いそがし

朱《あか》い色は神様の色、魔除《まよ》けの色。伏見のお稲荷さんは正に朱のイメージ。表参道の立派な鳥居と楼門の先にある拝殿へお参り。せっかくですから、先ほどの神様が降りてこられたという一ノ《いちの》峯《みね》を含む稲荷山の三ヶ峯にもお参りしましょう。一ノ峯の上之社、二ノ峯の中之社、そして三ノ峯の下之社を順に回るお参り「お山めぐり」は、枕草子《まくらのそうし》にも記されている清少納言《せいしょうなごん》も歩いた道。昔からとっても御利益があると信じられているんです。

　これは単に私の気持ちの問題ですが、他の神社と違ってお稲荷さんのお参りには、上手《うま》く進める時と進めない時があります。建ち並ぶ鳥居が誘う道は妖《あや》しい蛇のようにうねり、ときに枝分かれして迷路のよう。私は拝殿で

お参りした後、何も思わずにこの道に踏み込めたらそのまま三ケ峯へ向かいます。新しい鳥居、古い鳥居、風が運ぶ季節ごとの山の香り、鳥の姿やさえずり、葉擦れの音、幾つもの祠《ほこら》、お塚、猫。朱く区切られた道をいろいろなものに導かれるまま素直に歩けたら今日はいい日。神秘的な道です。夕刻などに歩くと少し怖いくらい。ひょっとしたら気づかないうちに向こう側へいってまた戻ってきているのかも……などと思ったり。時には一ノ峯に辿《たど》りつくまでに何となく降りてきてしまうこともあるのですが、それもまたお導き。不思議なことに、いつも下山してくる頃には、迷いが晴れたようにすっきりして足取りも軽くなります。

雨水

二十四節気の一つ。二月十九日頃。ぬるんだ水に、暖かい春の兆しを感じる頃。畑仕事の準備が始まります。

雪が雨に変わり、氷がとけて水になる。
雨水《うすい》の頃をむかえれば、
冬に凝り固まった人の心や体も
少しはほぐされます。

初詣の頃から見守ってきた梅のつぼみ。
雪の冷たさに、かたくかたく耐え、そろそろ
ゆるめて、丸くふくらむ。

ふわりと咲き香る。
風が吹くのを待ちましょう。

「東風《こち》吹かば匂ひおこせよ梅の花
　あるじなしとて春な忘れそ」

唄《うた》の詠み人は、菅原道真《すがわらのみちざね》公。
公の命日、二月二十五日には、
北野《きたの》天満宮《てんまんぐう》で梅花祭が行われます。
梅の香りが甘く鼻《び》こうをくすぐる。
道真さんの所にも届くといいですね。

弥生《やよい》

水温《ぬる》む。
朝一杯目の水を口に含んだ時
お米をとぐ時に「ん？」と気づく。
絵の具のチューブも柔らかいし
心なしか万年筆も書きやすい。
庭に目をやると
かすかに下萌《したも》えの色を見つける。

「……………」

でもまだ暖かくはないよねぇ。
一昨日の夜はすごく寒かった。
一歩進んで二歩下がる季節の歩み？

それでも、確かに感じる春の気配。
またいろいろと動き始める予感に
思わずほほがゆるみます。

ひいな

ももの節句

三月は、草木がいよいよ生《お》びる「木《き》草《くさ》弥《い》や生《お》ひ月」から弥生《やよい》というのだそうです。そして三月三日は、桃の節句。上巳《じょうし》の節句、ひなまつり。雛《ひいな》とは、「うつくしきもの」。「やよいちゃん」「ひなちゃん」女の子にぴったりのかわいい名をもつ月ですね。

京都では上賀茂《かみがも》神社の「桃花神事」や、下鴨《しもがも》神社の「流し雛《びな》」などの行事、神事が執り行われる一方、宝鏡寺《ほうきょうじ》や古い商家では立派な雛壇が公開されます。

私の家には、おひな様がなかったので、お向かいに住む一つ年上のおねえさんの雛飾りをお手本に、毎年段ボールや折り紙で自作していました。なかなかの出来だったと自負していましたが、やっぱりそこは女の子でしたから、ちょっぴりさみしかった。

でも、おひな様が今のように毎年大切に飾られるようになる前は、人形《ひとがた》に穢《けが》れを移して川に流し、邪気を祓《はら》うという儀式だったのですから、毎年新しく作る私のひな人形たちは、きっと本来の役目を果たしてくれてたんだな……と思うことにしています。

立派なお人形はなかったけれど、母の作る散鮨《ばらずし》は毎年楽しみにしていました。海から遠い京都らしく、具は椎茸《しいたけ》にれんこん、高野《こうや》豆腐ににんじんです。彩りには、黄色の錦糸《きんし》卵と

緑のエンドウ豆、それから紅ショウガも。あまからく炊いた椎茸の味は今も大好き。幼い頃に憧《あこが》れたひな祭り、その思い出の味です。

啓蟄《けいちつ》

二十四節気の一つ。三月六日頃。
暖かくなり、冬ごもりしていた
虫が外に這い出てくるころ。

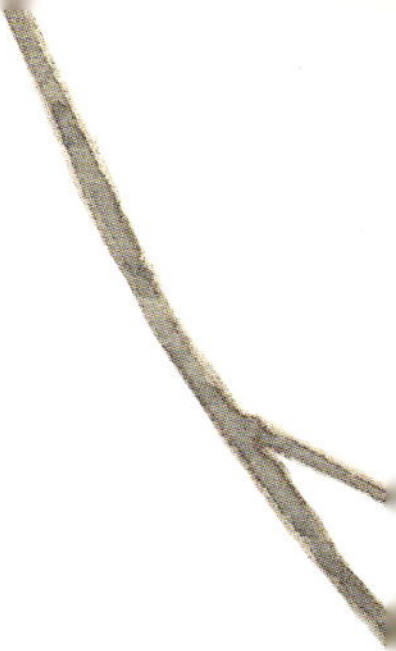

メジロに
ヒヨドリ、
シジュウカラ
鳥たちが
せっせと
忙しそう。

目覚めた
ばかりの
虫たちは
まだ
眠たそうで
分が悪い。

つぼみも
ほころぶ
一歩
まえ。

涅槃会

春めいてきたかと思うとまた冬に戻るような西風が吹き渡る。「涅槃西風《ねはんにし》」です。

お釈迦様がお亡くなりになった旧暦の二月十五日前後に吹く風で、西方浄土《さいほうじょうど》からの迎え風とも言われています。

この風が吹く頃、あちこちのお寺さんでは「涅槃会《ねはんえ》」の法会が行われます。

満月の夜お釈迦様が沙羅双樹《さらそうじゅ》の下にて北に頭を置き、右脇を下にして荼毘《だび》に付された時を描いた「涅槃図」には、一番長くお側で支えた弟子、阿南尊者《あなんそんじゃ》が失神し、

周りには弟子、菩薩、天部、国王、庶民、動物に至るまで皆が悲しみにうちひしがれている様子が描かれています。

その時、沙羅双樹の四本は瞬く間に枯れ、残りの四本は栄えるように花咲いたそうです。

悲しむ皆に囲まれたお釈迦様のお顔はとても穏やかなように感じます。

それは一切の煩悩の火を吹き消して、悟り、理想の境地に達せられたということなのでしょうか。

お釈迦様は今、絶対的な静寂におわすのですね。

嵯峨お松明《たいまつ》

嵯峨《さが》釈迦《しゃか》堂《どう》の名で知られる清凉寺《せいりょうじ》では「涅槃図」の公開はもとより、円覚《えんがく》上人が念仏の教えを判りやすく伝えるため作ったという「嵯峨狂言」の公演、夜には「お松明式」が行われ、独特の雰囲気があります。特に「鞍馬《くらま》の火祭」「五山《ござん》送り火」と共に京都三大火祭りに数えられる「お松明式」は圧巻。三基の大きなお松明が初春の夜空を明るく照らします。これはお釈迦様の荼毘《だび》の様子を偲《しの》ぶものだそうですが、同時に火が燃える勢いで稲作の豊凶も占っているのだそうです。盛りだくさんで、上嵯峨地域に住む人達のあたたかさを肌で感じられる、とても楽しみな行事なのですが、油断するとえらく悴《かしか》む年があります。前に訪れた時は本堂を参拝したあと、野外で狂言を観賞し、お松明が見やすい場所を探す頃にはすっかり身体が冷えて、ふるふる震える羽目になってしまいました。簡単な上着を持って行くといいのですが、お松明をすぐそばで見るつもりなら火の粉が掛かっても大丈夫なものにしてくださいね。

とまれ、お松明に火がつくと春のひんやりした夜空が朱く染まりやがて大きくなった炎が寒空を押し上げる様子は力強く、厳粛で思わず寒さを忘れます。

清凉寺は光源氏のモデルといわれる源融《みなもとのとおる》の山荘「棲霞観《せいかかん》」があった場所にあります。

少し早い京の春を告げるあたたかい火は、光源氏の目にはどんな風に映るのでしょうね。

春分

二十四節気の一つ。三月二十一日頃。春のお彼岸の中日。　春暖の気配が深まるころ。

近所のお寺の鐘の音が聞こえてきたのは、いつもより一時間遅い午後六時。あれっと思ったら今日は春分の日。今日からだんだん日が長くなってくるんだなぁと、少し得した気分になります。

テレビのニュースから聞こえる「暑さ寒さも彼岸まで」の常套句《じょうとうく》が耳に残

る。晴れた日を選んでお墓参りに出かけると、お線香に火を灯《とも》す頃には背中がぽかぽかしています。見上げると白モクレンが咲き始めている。青い空を背景に白いつぼみとお花がよく映える。天に向かって一途《いちず》に咲いている様子は少し離れて見ると沢山《たくさん》の白い鳥が羽を休めているみたい。

お寺からの帰り道。

「ほーほけっ◎※☆▽」

まだ上手《うま》く鳴けない若い鶯《うぐいす》が繰り返し繰り返し鳴く声が聞こえてきます。春と口元のほころぶ、ほほえましい初音です。

「がんばって……」

卯月《うづき》

春は、あけぼの。やうやう白くなりゆく山ぎは、すこしあかりて、紫だちたる雲の、細くたなびきたる。夏は、夜。月のころは、さらなり――。

平安中期に書かれたこの一文は「本当にそうだなぁ」と、とても共感するものです。ただ、朝が弱い私は経験上「春先の夜がほのかに明け始める頃」という一節に、なかなか実感が湧かないでいました。ある年、新聞小説の挿絵のお仕事で原稿の仕上がりが連日朝方までかかり、中央郵便局の夜間窓口によく持ち込んでいた時がありました。秋に始まった連載です。最初の頃は真っ暗だった

のですが、いつの間にか春になり、気がつくといつもより明るい気がする。ふと思い立ち、出町柳《でまちやなぎ》の橋の上で夜明けを待ってみることにしました。なぜそんなことを思ったのかは分かりません。けれど、次第に明るくなる東の空をぼんやり見つめ、色づきだした空が山との境界を浮かび上がらせる頃には、自然とあのくだりを思い出し、やっと、「あぁこんなかんじか」と思えたのでした。

清少納言《せいしょうなごん》はこんなへとへとな身の上で見た景色を「よし」と思った訳ではないでしょうが、それでも私の気持ちは、すっかり晴れ晴れ。どの辺りから眺めていたのかは分かりませんが、目の前に連なる東山《ひがしやま》の稜線《りょうせん》は、平安時代に暮らした彼女が見ていたものと、きっとほとんど変わらないんだと思ったら、なんだか嬉《うれ》しくなりました。

清明

二十四節気の一つ「清明《せいめい》」。本来は三月の節気ですが現行の暦では、四月五日頃。全てのものが清く生き生きと陽気になるうれしい季節です。

子供の頃の鴨川《かもがわ》の土手は空き地というか野っぱらのような有様でしたが、私にとっては素敵な遊び場。春になれば桜が咲き並び、「つくし」「たんぽぽ」「なずな」「はこべ」「よもぎ」「れんげ」。順番が待ちきれないように次々に春の野の草が生えてくる。白詰草《しろつめぐさ》で冠をせっせと作り、烏野豌豆《からすのえんどう》の笛を吹き、紫片喰《むらさきかたばみ》の茎で草相撲。土手一面を覆うふかふかの緑の絨毯《じゅうたん》の上で、私は飽きずに草遊びをしたものです。

今は土手に行くと公園のように綺麗《きれい》で物足らなく感じますが、代わりに治水で浅くなった川に中州ができて、昔はなかった芥《から》子《し》菜《な》の群生を見るようになりました。以前、その黄色い花が咲きこぼれるなかに鹿の親子を見つけたのですが、これも昔はなかったこと。餌を求めて山から降りてきたのでしょうか。それは幻想的な情景でしたが少し哀しい気持ちにもなりました。

ひと呼吸
踏みだす
はる

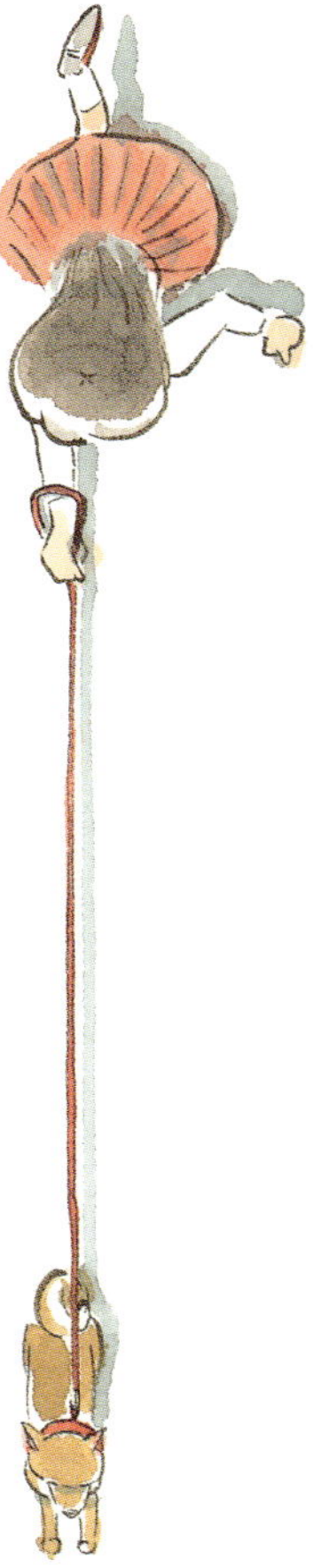

四月。桜、山吹、雪柳……。花々草々色を増し、空、川、山、木々も春色が重ねられてゆきます。

八日は「花祭り」。お釈迦《しやか》様のお生まれになった日ですね。この日お寺に行くと花で飾られた花御堂に納められたお釈迦様の像を見ることができます。この像は生まれてすぐに東西南北に七歩歩き、右手で天、左手で地を指し「天上天下唯我独尊」と言われたお釈迦様のお姿を写したもの。参拝者は、この像に甘茶をかけて祝いますが、これは龍が天から降り、産湯として甘露の雨を降らせたという故事によるものだそうです。

今、元気に働けること。住む家があること。毎日ご飯が食べられること。いろいろと思うことはあるけれど、日々安穏と暮らせていること。とてもありがたいことです。奇跡的な幸運がいくつも重なった上にある平穏な暮らし。薄い氷の上を歩いていると思っていては、怖くて生きてはいけませんが、せめて自分は「生かされている」ということを忘れないようにしよう。お寺で振る舞われたお茶と和菓子をいただき、綺麗な庭を眺めながら、たまにはそんなことも思うわたくしです。

ありがとうございます。

やすらい祭

四月の第二日曜日。紫野にある今宮神社や玄武神社では、鞍馬の火祭、広隆寺の牛祭と合わせ、京の三奇祭といわれる「やすらい祭」が執り行われます。

今宮さんの「やすらい祭」は、平安時代、陰暦の三月。桜の花が散る頃に疫病が蔓延《まんえん》したため、その終息を願って、今宮神社において花の霊を鎮める御霊会《ごりょうえ》を行ったのが始まりなのだとか。

この「花鎮め」の祭礼は、若松に椿、桜に柳、山吹と春の花々が大傘の上に飾られた「花傘」が中心で、行列には子鬼に、赤毛・黒毛の鬼がお囃子に合わせて鉦や太鼓を打ち鳴らし氏子区内から今宮さんまで踊り練り歩きます。また、花びらの散る頃に、飛び散る悪霊や疫神を「やすらい花や」との囃子詞《はやしことば》で花傘に追い立て、封じ込めて神社に納め、お鎮まりいただくお祭りでもあります。

大きな赤い花傘の下に入ると厄除けになって、一年健康に過ごせるといわれているので、私も地元の人たちに混じって必ず傘に入れてもらうようにしてるんです。

それと忘れてはいけないお楽しみがもうひとつ。今宮さんの東門の参道にある二軒

のお店。参道北側は一文字屋和輔、通称「一和」さん。千年続く老舗《しにせ》です。その向かいは「かざりや」さん。こちらは江戸時代から。どちらも風情ある「あぶり餅」のお店です。応仁の乱や飢饉の時には、人々に餅をふるまったという歴史をもつあぶり餅。疫病に勝つ「勝餅《おかちん》」とも呼ばれていたそうで、無病息災を願う縁起物のお菓子なのですね。

昔から、竹串にさしたお餅が店先の火鉢の炭で炙られているのを見ると、つい暖簾《のれん》をくぐってしまう。漂う炭の香りを楽しんでいると、程なくお茶と共に運ばれてくるお餅が纏《まと》うのは、きな粉と私の大好きな白味噌のタレ。利休さんが茶菓子として用いたともいわれるお味は、いつ来ても、誰と来てもずっと変わらず、優しい気持ちにしてくれます。

花傘に入って無病息災、あぶり餅を食べて更に無病息災、二つの千年の醍醐味を是非。

嵯峨の
虚空蔵さんへ
知恵を
授かりに

十三詣《まい》りは 四月の十三日、十三になった子が福徳と智恵を授かることを願って虚空蔵菩薩《こくうぞうぼさつ》さんに参拝する行事です。

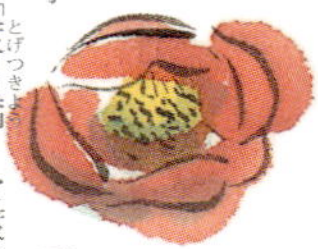

京都では、嵯峨嵐山の法輪寺《ほうりんじ》さんへ「渡月橋《とげつきょう》」を渡ってお参りします。亀山《かめやま》上皇がこの橋を見て「くまなき月の渡るに似たり」というまでは、法輪寺橋と呼ばれた橋です。作法にのっとりお参りを済ませると子供達は親から「ええか、もういっかい橋を渡り終わるまで絶対振り向いたらあかんで。もろた智恵が逃げてしまうからね」と釘《くぎ》を刺されます。これが結構どきどきするんですね。

私の十三詣りは雨の中でした。元は十三まで生きられたことに感謝する習わしなのだそうです。

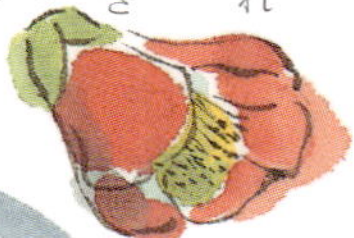

親に連れられて訪れた法輪寺。道々の桜が満々と咲きほこる中、ふと目にしたお地蔵さまの足もとには、遅咲きの椿の花。地に落ちて、雨にぬれてなお、鮮やかな朱。十三歳の私の目に映った印象的な情景。毎年この季節が訪れる度、今も心にありありと浮かんできます。

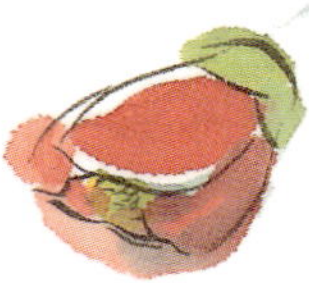

穀《こく》雨《う》

二十四節気の一つ。四月二十日頃。百穀を潤す春雨。菜の花の咲く頃にしとしとと降り続く雨は菜種梅雨とも呼ばれます。桜散らしの雨にもなりますが、降った後には草花が目に見えて大きく育っています。

菜の花畑の
むこうに
下校の傘の列
菜の花が
踊っていると
思ったら
黄色い傘の子
でした。

菜種梅雨のころ

春霖

深山幽谷にて 美しく咲く 霊木石楠花

賀茂《かも》川の源流、雲ケ畑《くもがはた》の奥に岩屋《いわや》山志明院《さんしみょういん》という古刹《こさつ》があります。役行者小角《えんのぎょうじゃおづの》さんが創建し、後に弘法大師が再興されたというお寺。多くの伝説が残る心惹《ひ》かれるお寺で、山奥に在りますが、時々思い立って足を運びます。

四月の終わり頃になると楼門の前に石楠花《しゃくなげ》が咲きこぼれます。石楠花を見て感動したのは、このお寺のお花が初めて。やさしい、薄桃色の石楠花が、ふわふわと雲のよう。いつまでも見ていたくて、時間を忘れ、ついつい長居をしてしまったのでした。

四月の二十九日には、志明院大祭、通称石楠花祭が行われます。護摩焚《ごまた》きの後、火渡りをさせてもらうと、なにやら胸の奥に強いものが宿ったような気がしますよ。

美しい季節の花を愛で、綺麗な山の霞《かすみ》を吸い、澄んだ源流の水にふれ、身も心も目も潤う処《ところ》なのです。

遅桜も終わり、鴨《かも》川のみそぎ川では床びらき……。
いつしか京の野々山々にも、青葉若葉が萌《も》え出づる季節。
緑が美しく深まる、私の一番好きな季節です。

夏の兆しを感じる五月晴れ。
そよぐ緑、かがやく緑、したたる緑。
みずみずしく力強い緑の万華鏡。
いつまでも、見つめていたい。

久しぶりに修学院離宮《しゅうがくいんりきゅう》を訪ねてみようか。

京都を見下ろす緑と青空、
ゆったりと流れる白い雲。
それらが鏡のように映り込んだ
浴龍池《よくりゅうち》の龍に逢《あ》いにゆこう。

皐月 さつき

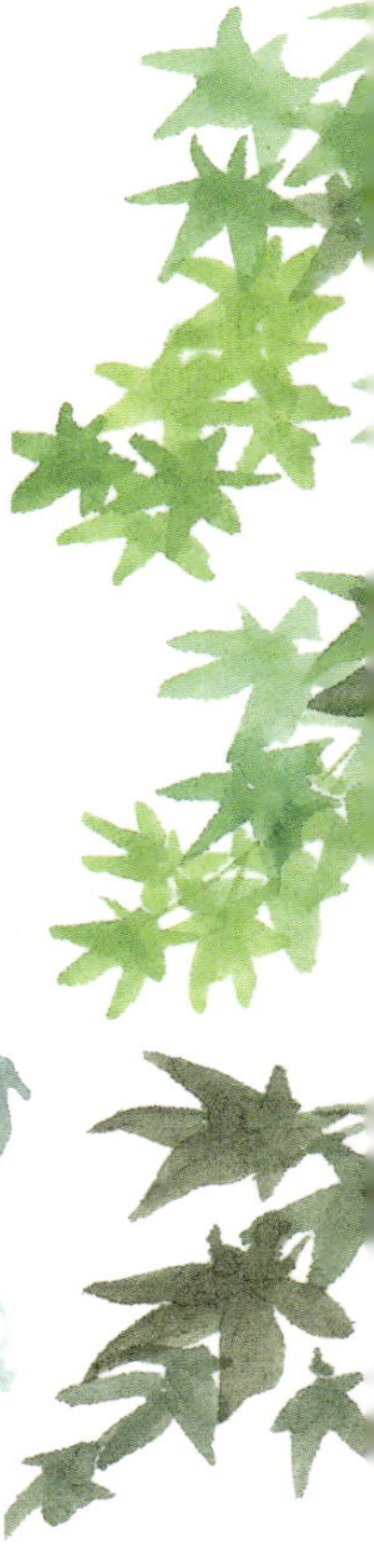

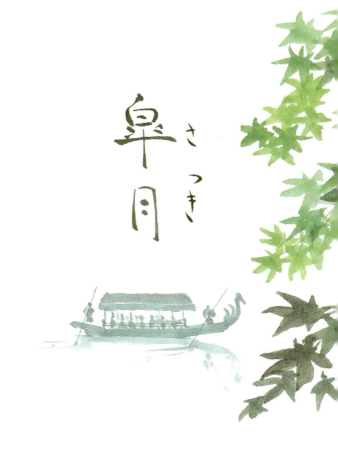

夏も近づく八十八夜

五月に入るとすぐ雑節の「八十八夜」です。立春から数えて八十八日目。この頃に降りる霜は「八十八夜の別れ霜」と呼ばれ、この後には霜がないということで、養蚕《ようさん》や農業に従事する人にとっては忙しくなる季節。「あれに見えるは茶摘みじゃないか——」宇治《うじ》では茶摘みも始まります。

一方、我が家では、庭の二本の山椒《さんしょう》の木が、たわわと実らせた実を収穫します。色鮮やかな木の芽色。「ついこの間まで小さなお花だったのに……」庭にやってくる鳥たちのために少し残してあげるとちょっと足らないので美山《みやま》の山椒を買い足します。後はひたすら掃除。結構時間がかかる上、指先がアクで真っ黒になってしまうけれど、部屋中に山椒の若々しい香りが立ちこめます。

「これこれ、いー匂い……」

ゴールデンウイークには四月に注文しておいた新茶が届く。毎年、品のいい番頭さんが届けてくれる新茶ならではの香りと味を、小皿に盛った手作りのちりめん山椒といただくのが私の八十八夜です。

実山椒

端午の節句

上賀茂神社の馬みくじ

端午《たんご》の節句は、「菖蒲《しょうぶ》の節句」ともいわれる五節句のひとつ。昔は、ショウブやヨモギを軒にさして邪気を祓《はら》っていたものがいつしか男の子の節句になったようです。

同じ日に上賀茂《かみがも》神社では二頭の馬を走らせ競わせる「競馬《くらべうま》」が行われます。こちらは平安時代から変わらず続く天下太平と五穀豊穣《ほうじょう》を祈願する行事。参道横の二百メートルほどの直線コースを二頭の馬が矢のように駆け抜けます。埒《らち》と呼ばれる青柴が結わえられた柵《さく》から間近に見ていると馬の速さと迫力がこれほどのものかと驚かされます。（埒は埒外《らちがい》の語源といわれています。）

こいのぼり、柏餅《かしわもち》、ちまき、いろんな形でいろいろな思いを我が子に託す子供の日。

平和と繁栄とさらなる成長を求め、想いを込めるのにふさわしく、力強い節句です。

立夏《りっか》

二十四節気のひとつ。五月六日ごろ。暦の上ではこの日から夏が始まることになり、「夏立つ」ともいいます。虫も魚も草木も鳥も、いよいよみんなが活発に生き生きと動きだします。

むらさき薫る

かがやく万緑《ばんりょく》の中、わずかな間だけ咲く紫の花。毎年五月になると季節を吹き抜けてゆく爽《さわ》やかな風、その風と共に咲く花々がいつも気になります。

上賀茂にある大田《おおた》神社の大田の沢に咲く杜若《かきつばた》は、毎年私を和ませてくれる紫の花。やさしい色合いで、慎《つつ》ましく気品があり、見た人みんなが虜《とりこ》になる名花です。杜若の好む水の環境を保つのはとても大変なのだそうですが、この杜若は千年もの昔から人の心をやさしく染めていたんです。

すぐ近くの上賀茂神社では、五日に競馬《くらべうま》が行われますが、ちょうどその頃、参道脇の桐が紫の花を咲かせます。見上げるほどの大きな桐です。昔から高貴なものとされてきたこの花は、高い処《ところ》から見下ろし、悠々と競馬を愉《たの》しんでいるようです。

紫は特別な色です。だから昔は高い位の人だけが身に付けることを許された色でした。極楽浄土をこの地にと造営された宇治の平等院《びょうどういん》には、樹齢が二百年を越える藤の木を見ることができます。花房は長く、咲き始めるといくえにも藤色がかさなりあって、けむるよう。その向こうには藤原頼通《ふじわらのよりみち》の思い描いた浄土がみえてくるようです。

たとえば
水辺の杜若
たとえば
里山の桐
たとえば
山辺の藤

産土《うぶすな》の神さんのおまつり

緑が青々と美しい五月の上旬。葵祭に先駆けて下鴨神社では「流鏑馬神事《やぶさめしんじ》」、上賀茂神社では「競馬《くらべうま》」、そして各神社一年置きの「斎王代禊《さいおうだいみそぎ》の儀」などが行われます。

続く十二日には、下鴨で「御蔭《みかげ》祭」、上賀茂では「みあれ祭」と名は異なりますが、それぞれ神がお生まれになるお祭りが執り行われます。

神様をお迎えする神事ですね。

古代から、カモ氏の思想と信仰を基に行われているこれら神事こそ神社本来のお祭りだと私は思っています。

御蔭祭は正午で午《うま》の刻、みあれ祭は午前零時、子《ね》の刻に行われます。みあれ祭は秘事で神職の方たちだけで執り行われますが、私の育った下鴨の御蔭祭は地元のお祭りとして参加もできるし神幸列も見ることができ、慣れ親しんだものです。

小さい頃はお祭りの意味も知らず、ただ母が軒下に葵の提灯《ちょうちん》をつるすと「あ、もうすぐお祭りや」とだけ思っていたものでした。

かつて私が遊び回っていた糺《ただす》の森に若葉風が吹く頃。東山三十六峰二番目のお山、御蔭山に鎮座する御蔭神社から、お生まれになったば

御蔭祭

かりの荒御魂《あらみたま》を下鴨の本宮へお迎えする大切な神事、御蔭祭が執り行われます。

下鴨神社を出発し正午に御蔭神社での神おろしの神事にて、ご祭神、賀茂建角身命《かもたけつぬみのみこと》と娘の玉依媛命《たまよりひめのみこと》の再生した神霊が乗ったみあれ木を神霊櫃《しんれいびつ》に納め、途中、赤の宮神社に立ち寄られて本宮にお帰りになられます。

鴨社の南にある河合神社にて櫃の荒御魂を神馬にお乗せし、糺の森の古代祭礼場の跡を示す「切芝《きりしば》」において「東遊《あずまあそび》」の優雅な舞が神馬に向かい捧げられます。神様が神馬の目を通して楽しんでいらっしゃるのでしょうね。

御蔭祭の神幸列は神霊を宿した行列です。国内で最も古い信仰形態といわれるのは神様がお神輿ではなく神馬にお乗りになる形であることのようです。

切芝神事の後、行列は鴨社本殿に向かい、荒御魂は神馬から降ろされ納められ、お待ちになっていた本殿の和御魂《にきみたま》と一体になることにより神の力が若返り強くなると聞きました。

葵祭

そして十五日は、いよいよ葵祭です。

葵祭は、欽明天皇《きんめいてんのう》の御代に続いた凶作や飢餓病疫が賀茂の神の祟《たた》りであるとされ、勅命により祭礼が執り行われて以来のお祭り。毎年本宮にお迎えした新しい神霊に、宮中から捧げものをお届けし五穀豊穣《ごこくほうじょう》を祈願するという、下鴨神社、上賀茂神社と宮中の結びつきにおいて営まれる官祭《かんさい》です。

カモ氏のお祭りの一部が朝廷主催になったことで、より華やかになり、葵祭として現在の様式になっていったのだそうです。紫式部《むらさきしきぶ》が源氏《げんじ》物語で描いた「車争い」の様子を見ても、当時から雅《みやび》やかでとても人気があったことをうかがい知ることができます。

現代の葵祭も平安時代の衣装に身を包んだ行列や舞は優雅で美しく人気も負けていません。そんな中、光源氏ではありませんが耳目を集めるのは「斎王代《さいおうだい》」。京都では斎王代に選

ばれるのは名誉であり大変なことなので、毎年この時期になると「今年は、どこどこの娘さんやって」と京雀の話題にのぼります。

京都ではハレの日のごちそうとして「鯖《さば》ずし」を食べるのですが、我が家では葵祭がそのハレの日。毎年鯖ずしを作る母の後ろ姿を見て育ちました。お祭りの当日には、お客さんや親戚《しんせき》がやってくるのでお菓子が足りない時には、よく御手洗団子《みたらしだんご》を買いに走らされたものです。

あの頃の私にとって葵祭は、家はあわただしくなるわ、お使いさせられるわ、夕食の鯖ずしは酢飯しかよう食べれへんわで、大変なお祭り。でも、これがうちの葵祭でした。もちろん今は、お祭りを見て楽しむこともできますし、鯖ずしの鯖も美《お》味《い》しいと思える口になりました。

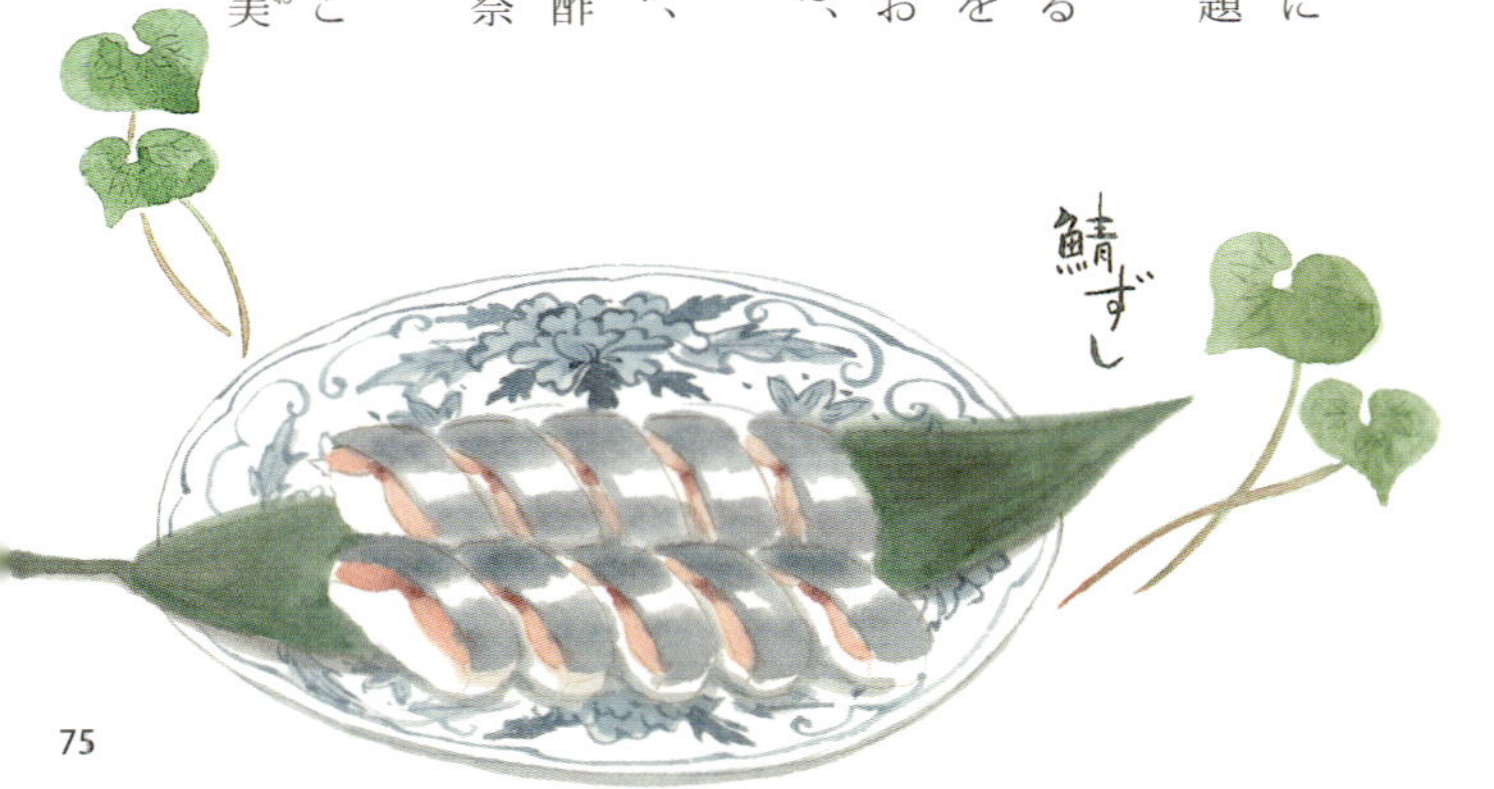

小満《しょうまん》

五月二十一日頃、二十四節気の一つ。万物がしだいに長じて満つるという意味です。植物は花を散らして実を結び、農家では田に苗を植える準備を始め、蚕が桑の葉を食べ、紅花が咲きほこる頃。もうすぐ梅雨です。

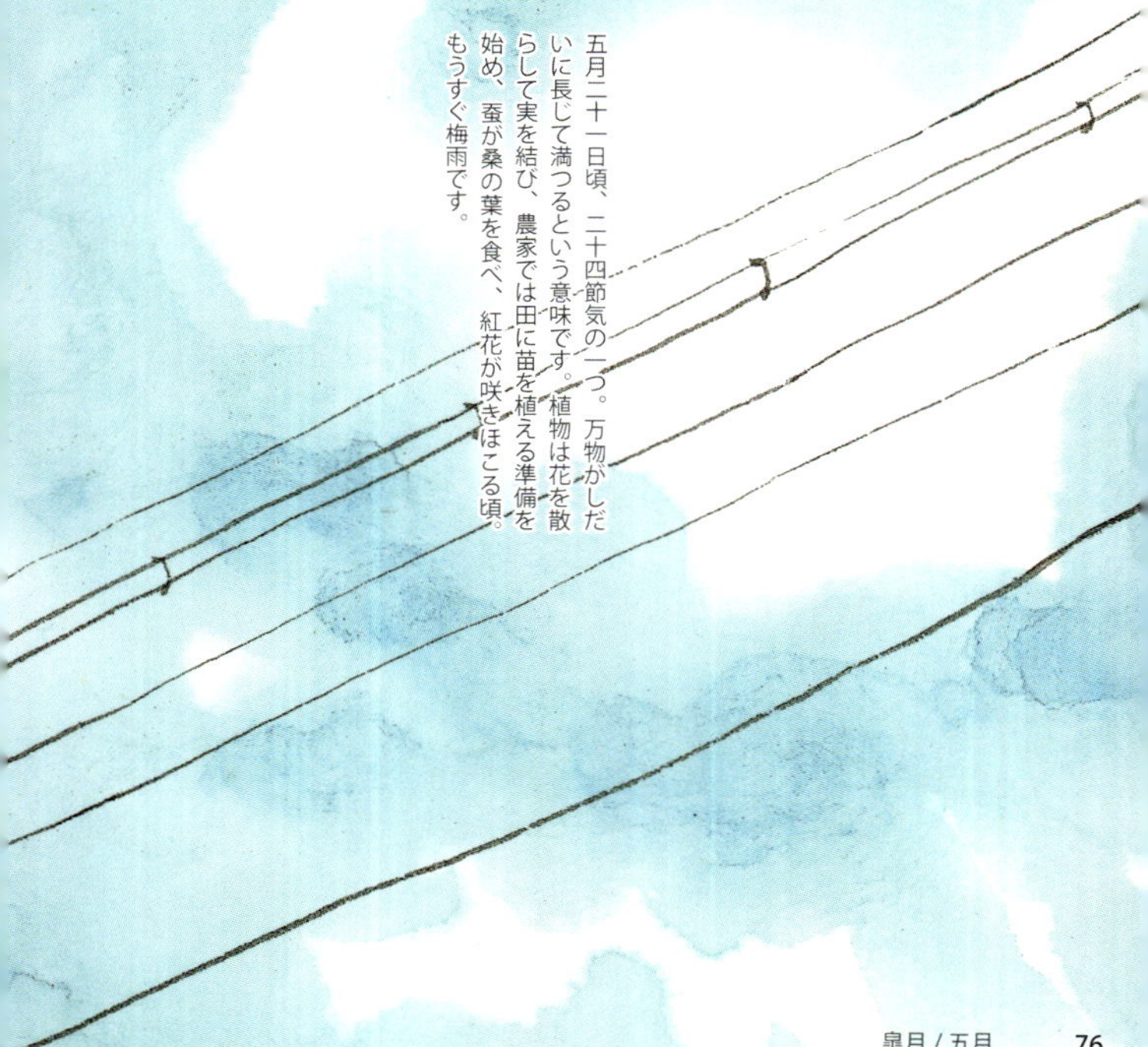

雨あがり
ぐんと 緑が増し
ぐんと空は晴れ
目の前を
かすめた ツバメ
今年も来たんだね
美しい飛行姿に
おくれ おくれ目で追い
見上げれば
五月の空が
そこに
ありました。

水無月《みなづき》

四月に可憐《かれん》な花を咲かせていた桜が、かわいらしい赤い実を付ける頃、京の町もそろそろ衣替えの季節。まだ薄ら寒い日もあるので、なかなか長袖《そで》をしまうのも勇気がいりますが、一足早く衣替えした、近くの女子校へ通う学生さんの、爽《さわ》やかな夏服姿を思い浮かべ夏物を取り出します。

また、京都の古いお家《うち》では部屋を夏用に衣替え。襖《ふすま》をよしず戸に、畳にはあじろが敷かれ、イスは籐《とう》椅子に……。家も人も風通しをよくして次の季節に備えます。

六月は旧暦の呼び名に「鳴神月《なるかみ》」というのがあるそうです。雷がよく鳴る月。「雷」は「神鳴り」、「稲妻」は「稲の妻」。雨を降らせ田畑を潤すものとして尊んだのだとか。当たり前のこと一つ一つに意味をもたせて大切にする昔の人の考え方や、

自然との関わり方はとても素敵です。そう思い至るようになって、昔は好きじゃなかった雨の季節も楽しめるようになりました。
六月一日には天神《てんじん》さんで雷除《よ》けのお札が授与されます。雷の季節に備え、今年は久しぶりにいただきに行こうかしら。タンスから出したばかりのワンピースを着て……。

芒種《ぼうしゅ》

二十四節気の一つ。六月五日ごろ。大切な田植えの季節です。芒は「のぎ」と読み、稲などの実の外殻にある細い針のような毛のこと。

たっぷりと水を湛《たた》え、早苗が植えられたばかりの水田は、まるで大きな水鏡。そこに切り取られたように映る、見慣れたはずの青い空とゆっくり流れる白い雲が、目を引き、思わず見入ってしまいます。ゆれる苗や移動していく波紋が普段は意識しない風の存在を教え、目に見せてくれます。

よく見るとどこからやってくるのか、ヤゴやタニシやカブトエビ、いろいろな生き物が暮らしている。みんなこの時季を望んでいたようです。

あとは、恵みの長雨を待つばかり、イネの成長と雨蛙の鳴き声がいまから楽しみです。

六月に入ると各地の神社で豊作を祈念する御田植祭《おたうえさい》が行われます。京都で有名なのは十日に行われる稲荷《いなり》大社の「田植祭」。「商売繁盛のおいなりさん」で有名な稲荷大社ですが、稲荷の「稲」は稲穂の稲。元は農耕の神様です。雅楽の演奏に合わせ、汗衫《かざみ》という衣装をまとった神楽女《かぐらめ》が舞を奉納する中、茜《あかね》たすきに菅《すげ》の笠《かさ》、鮮やかな衣装の早乙女《さおとめ》さん達が、なれた手つきで神田に早苗を植えていきます。お米は主食で、日本の文化を育《はぐく》んできたもの。御田植祭は神聖な儀式であり原風景。お米一粒一粒に神様が宿ると、幼い頃に教えられたのを思い出します。

稲荷は稲を荷なう神の姿。
古《いにしえ》より、農耕の神、土の神、
稲荷神のお使いは白毛の神狐。
古事記では宇迦之御魂神《うかのみたまのかみ》、
日本書紀では倉稲魂命《うかのみたまのみこと》と表記され
お姿も女性やら翁の姿やらとさまざま。

時代時代で取って代わるいろんな民族に尊ばれ、
祀る人の主観で描かれる姿が変わるのでしょう。

皆が大切に思ってきた神様なんだ。

私的には
こんなお爺さんと
お山でお会いしたいと思っています。

やさしく
あらって
やさしく
ふいた
青梅
甘い
にほひ
お部屋
いっぱい

梅雨入り

入梅《にゅうばい》。立春から数えて百二十七日目の六月十一日頃。雨期のはじまりが、ちょうど梅の実の熟す頃にあたるところから。色あせた空の下、水辺のヒツジグサや菖蒲《しょうぶ》、紫陽花《あじさい》が雨に彩りを添える季節。

しとしとと降りしきる雨を切り、せっせと忙しそうに行きかうツバメ。子育ての準備に余念がありません。私はというと、八百屋さんの店先に並んだ青梅を買い込んで、毎年恒例の梅シロップを作る準備をせっせと始めます。傷がつかないようにザルにそっと並べてゆくと、梅の好《よ》い香りが立ち込める。これは夏を迎える私の儀式。今年も我が家の夏支度の一つが無事できました。そういえば、そろそろ北野《きたの》天満宮《てんまんぐう》でも境内の梅がもがれる頃かな。（干された梅は、お正月用の福梅になります。）

　夏の準備といえば、芸妓《げいこ》さんや舞妓さんが夏の挨拶《あいさつ》回りで、ごひいきのお店に配る「京丸うちわ」も仕上がる頃です。お料理屋さんなどにずらりと並ぶ名入りのうちわは、初夏の京都の風物詩のひとつ。また北区の農家などでは祇園《ぎおん》祭で使う、厄除けの粽《ちまき》つくりも最盛期を迎えているはず。とめどなく雨が降る中、みんな結構忙しくしているんですね。

　月が変わると祇園祭。やたらと蒸し暑い京都の梅雨がやっと明けます。

祇園精舎《ぎおんしょうじゃ》の鐘の声

諸行無常の響きあり

沙羅双樹《さらそうじゅ》の花の色

盛者必衰の理《ことわり》をあらわす

おごれる人も久しからず

ただ春の夜の夢のごとし

たけき者も遂には滅びぬ

偏《ひとえ》に風の前の塵《ちり》に同じ

雨が上がり梅雨雲の切れ間から日の光がこぼれだした空の下。水をよく吸った木々や苔《こけ》、石や瓦《かわら》は淡い色をした空とは対照的に色濃く、また一段と美しいもの。お庭が最も瑞々《みずみず》しく趣のある季節だと私は思います。

そして大好きな沙羅《さら》の花の咲く季節。夏椿とも呼ばれるその白い花は、咲いてから僅《わず》かに一日ほどで役目を終える短命の花。けれど落ちてから朽ちるまでが、むしろ美しくさえある花でもあります。

毎年この時季が来るとお寺の庭へ出かけては、青々とふくよかな苔の上に落花した白い沙羅をめでるのが愉《たの》しみでしたが、去年とうとう自宅の庭にも一本植えてしまいました。まだ八年ぐらいの若木ですが、ちゃんと綺《き》麗《れい》な花を咲かせてくれます。次々に咲いては散っていく様子を毎日眺めながら、あれやこれやと思いを巡らすようになりました。

儚《はかな》く、物悲しく、清楚《せいそ》。この季節、ほんのひとときだけの贅沢《ぜいたく》です。

夏至《げし》

二十四節気のひとつ。六月の二十二日頃。一年中で最も昼が長く、夜が短くなる日です。

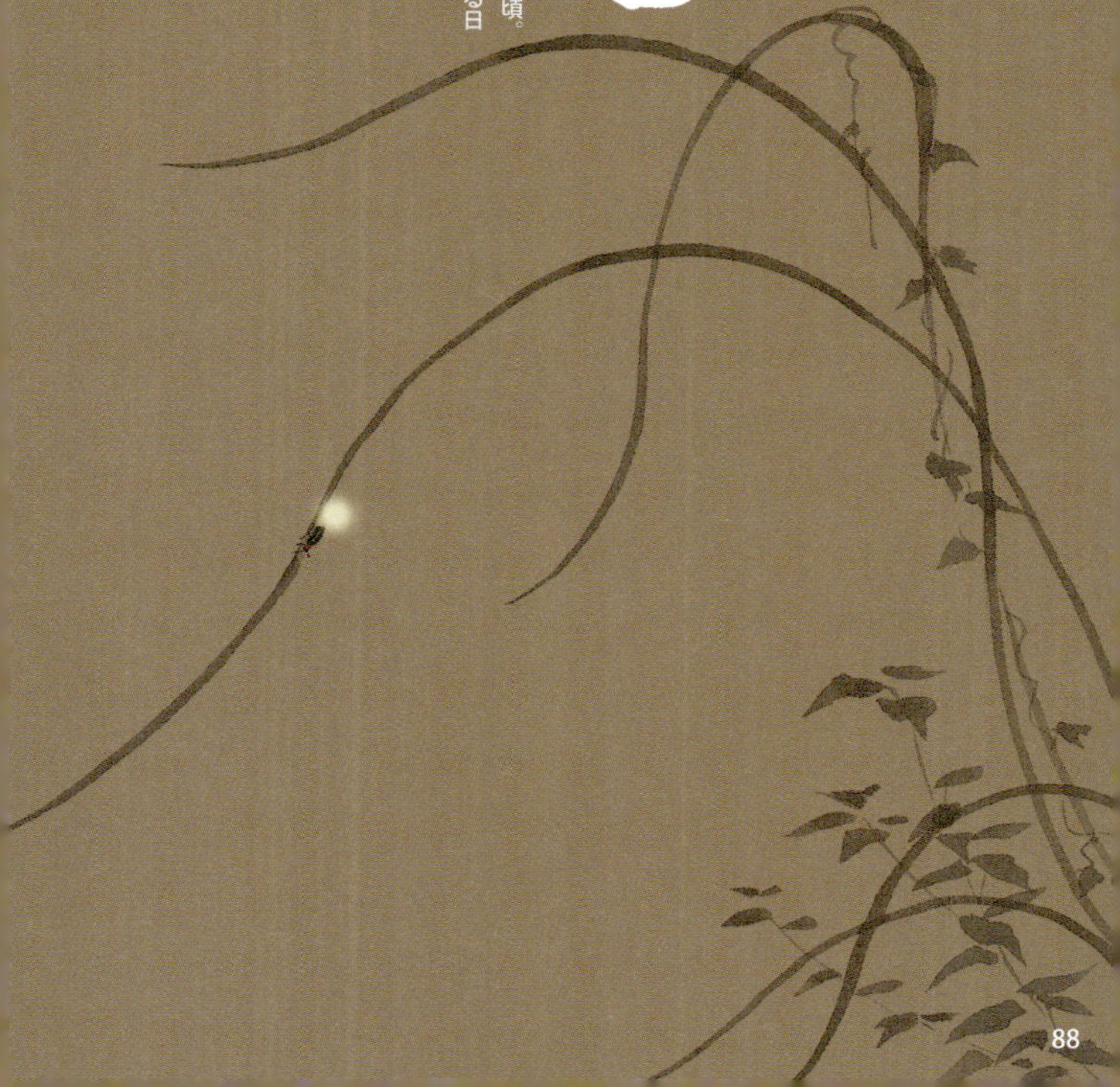

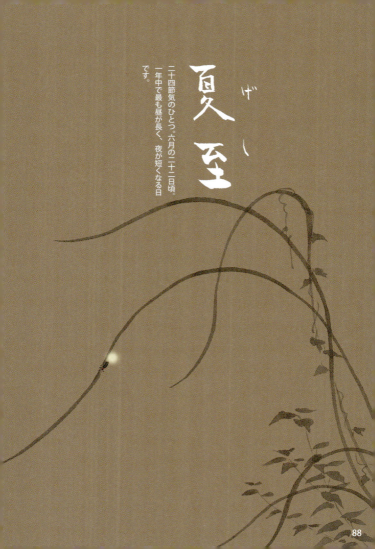

仕事の手を止め、バタバタとあわてて洗濯物を干す梅雨の晴れ間。空の青さを楽しむ間もなく、夜になってやっと落ち着く。こんどは長雨と久しぶりの晴天で、むしむしとまとわりついてくる湿気。ただでさえ京都は盆地特有の蒸し暑さなのに……。ふと机を見ると大切な紙が水分を含んで波打っています。

そういえば、高雄《たかお》で見た蛍の乱舞は、ちょうど去年の今頃ではなかったか。暗闇が迫る、山間《やまあい》に流れる清滝川《きよたきがわ》。川岸から張り出した木々の間をゆらゆらと漂う無数の光は、かつて隆盛を誇った源氏の名を持つ小さな虫。そんな小さな命が見せているとは思えないほど、幻想的な景色。儚《はかな》げな光は猛《たけ》き者の溜息《ためいき》か……叶《かな》わなかった者の魂か……。

それにしても蛍の光はどうしてあんなに気を引くのだろう。何ともいえない心地いいリズムでの明滅を見つめていると、さっきまで聞こえていた川のせせらぎも消え、心持ちが穏やかに整い、いつの間にか無心に……。

ウン、今日あたり、蛍が見れるかも。ちょっと散歩がてら近くの疎水を覗《のぞ》いてみるか。私の勘は当たるのです。

六月の晦日《みそか》近く、もうすぐ一年の半分もおしまいです。仲のいい権禰宜《ごんねぎ》さんのいる神社の軒下には、美山《みやま》から届けられたという茅《ちがや》が乾燥させるため並べられています。

この茅を使い、神社の皆さんが手ずから作った茅《ち》の輪《わ》は、毎年行われる「夏越《なごし》の祓《はらえ》」の日に参拝者へ授与されます。いつも厳《おごそ》かに淡々と行われる神事の陰で、こういった準備を日々こつこつされているのを知ると恭敬《きょうけい》の念が湧いてくる。梅雨の合間の何気なくも大切な風景です。

いつの間にか、ひっそりと咲く白い梔《くちなし》の花。雨上がりには甘く上品な香りが匂い立ちます。気がつくと六月も、もう末。

夏越《なごし》の祓《はらえ》

半年ごとに、その身にたまった罪や穢《けが》れを清める行事、大祓。紙の人形《ひとがた》に息を吹きかけ穢れ災いを移し川に流したり、大きな茅の輪を潜って災いを退け健康を祈願します。六月の「夏越の祓」と十二月の「年越しの祓」があります。

「水無月《みなづき》の夏越の祓する人は、千歳の命延ぶというなり」

京都では夏越祓の日、六月三十日に「水無月」を食べます。月の名前を冠した和菓子。白い外郎《ういろう》に朱い小豆《あずき》。暑気を払う氷に邪気を払う小豆、といった意味でしょうか。年に一度、一年のちょうど折り返しに口にして、ほっとする味です。

文月《ふみづき》

今年、初めて聞く蝉《せみ》の声。
田んぼでは蛙も鳴き始めます。
街に出ると祇園《ぎおん》祭の
お囃子《はやし》が聞こえてくる……。
梅雨があけて、蓮《はす》の花もみごろ。
大原《おおはら》ではしそ畑が赤く色づき、
八百屋にも赤い李《すもも》が並びます。

いろいろなものが
変化し、活気づく月。

七月一日から
京のまちでは
祇園祭の
はじまりです。

「コンコンチキチン、コンチキチン」祇園《ぎおん》祭が近づくと、町家の開け放たれた二階や路地の奥から、お囃子の音色がもれ聞こえてくる。「ああ今年もそんな時季か」ちょうど季節の変わり目。祇園祭を境に京都の町の空気はがらりと変わります。

七月一日の「吉符《きつぷ》入り」「長刀鉾町《なぎなたほこまち》稚児《ちご》お千度《せんど》」から三十一日の疫《えき》神社「茅《ち》の輪」くぐりまでのひと月の間、さまざまな神事、行事がとり行われる祇園祭は、八坂《やさか》神社の氏子さんや各山鉾町、町衆の人達が守ってきたお祭りです。

祭りは日に日に形を成していきます。十日頃から鉾建《ほこた》てがはじまり、八坂神社では、御輿《みこし》を鴨川《かも》の神水で清め、神様のお出

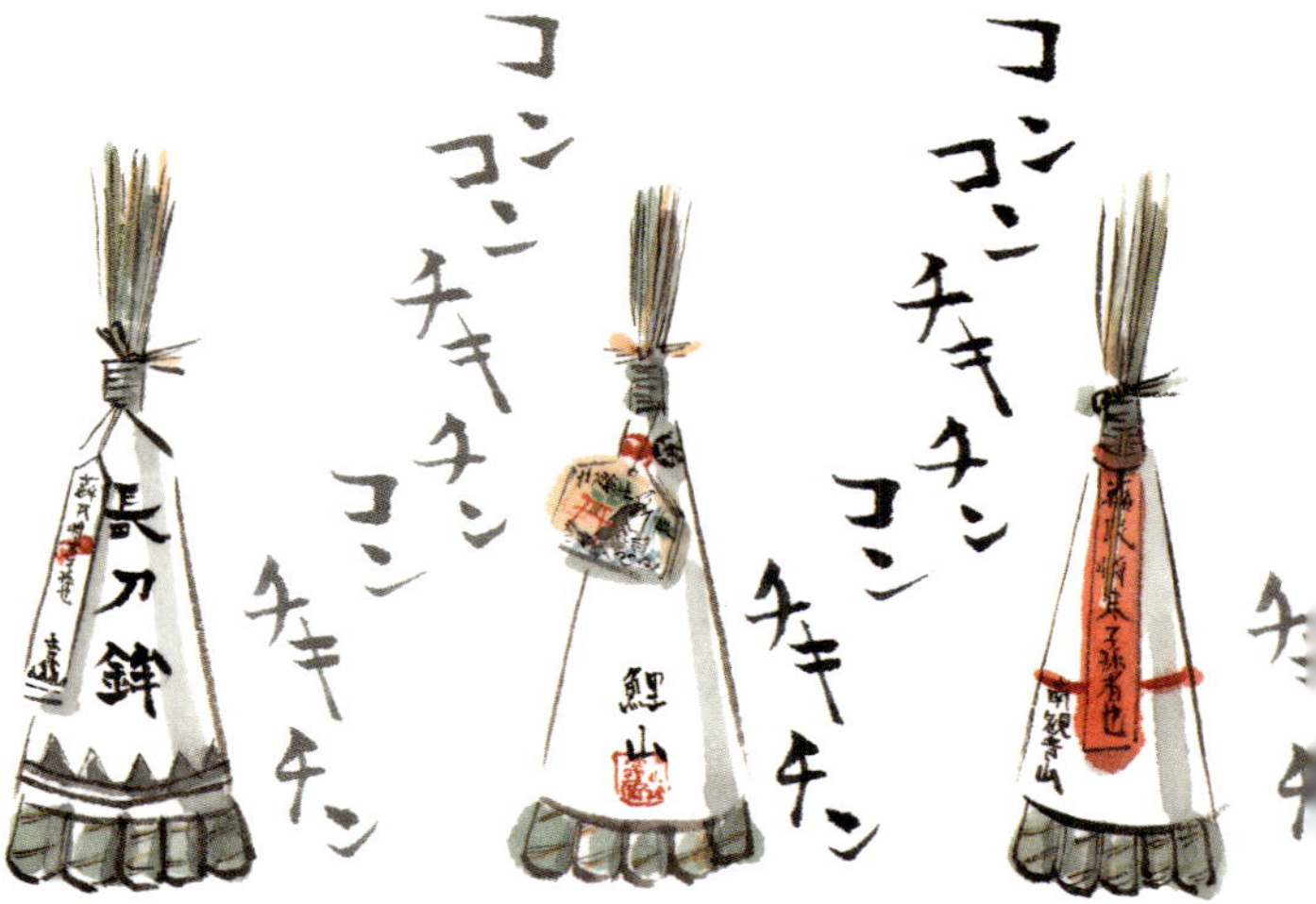

かけ準備をととのえます。十三日には、長刀鉾のお稚児《ちご》さんが「位もらい」をし、神の使いにならはります。十五日の夜明け前に、四条麩屋《ふや》町に神様と人間の境界線を示す斎竹《いみたけ》が立てられ、注連縄《しめなわ》で結界が張られる。巡行の日はこの縄を切り神の領域を進むのです。そして宵々々《よいよいよい》、宵々《よいよい》、宵山《よいやま》とオフィス街や道路、交差点もじわじわとお祭の気配にのまれていきます。

日が暮れて、駒形提灯《こまがたちょうちん》に灯《ひ》がともれば粽《ちまき》売りの子らが歌うわらべうた。うちわを手にした浴衣《ゆかた》姿。雑踏の中でも途切れることないお囃子の音色。いつのまにやら洛中《らくちゅう》は高揚しているのです。

半夏生
暦のうえで
夏至から
十一日
かぞえた日

「半夏生《はんげしょう》」は「半夏（烏柄杓《からすびしゃく》）」の生える頃をさす雑節の一つ。

私が初めて半夏生という言葉を聞いたのは、いつか誰かに連れられていったお寺のお庭。そこで見た白い葉の名を尋ねた時でした。

「半夏生」という植物は先ほどの半夏とは別のもので、ドクダミ科の多年草です。夏のかかりになると上の方の葉が数枚、お化粧をしたように白くなるのが特徴です。その名が示すように化粧をするのは表だけで裏は緑。白い葉は花が終わる頃にはまた緑に戻ります。子供の頃にはそれがとても神秘的に思え、またかわいくもあり、いまでも緑の中に白い葉が涼しそうに揺れている様子を見るのがとても好きなのです。

　家の庭にも鷹峯《たかがみね》の園芸屋さんでいただいた半夏生があるのですが、なかなか大きくならず、まだまだ化粧を覚えないいまま。早く大人にならないかしら……。

小暑

二十四節気の一つ。ちょうど七月七日の七夕の頃。いよいよ暑さが増してくる時季です。暑中見舞いもこの頃から。

七夕は「しちせき」とも読む五節句の一つ。「棚機《たなばた》」という日本の古い神事が変化したものともいわれ、今と違って昔は、梶《かじ》の葉に書いた和歌に願いを込めていたそうです。

私にとって京都の七夕で身近なのは北野《きたの》天満宮《てんまんぐう》と白峯神宮《しらみねじんぐう》。天神さんでは、ご祭神の道真《みちざね》様が、七夕に歌をお詠みになったという伝えにちなんで神事とお祭りが、とり行われます。また、球技や芸事上達の神様として有名な白峯神宮さんでは、精大明神《せいだいみょうじん》様に蹴鞠《けまり》と、西陣《にしじん》のかわいい小町さん達による「七夕小町をどり」が奉納されます。

笹のは
さーらさら
軒端にゆれる
お星さま
きらきら
金銀砂子

もうすぐ
七夕なんだ
色とりどりの
短冊に
願いがゆれている

冬の星空は澄んでいて透きとおるような美しさ。対して夏の夜空には、おおらかな楽しさがあるように思っています。

高校生の時には、天文部に入っていました。夏休みには夏の大三角やペルセウス座流星群などの夜間観測で校舎の屋上に何度か

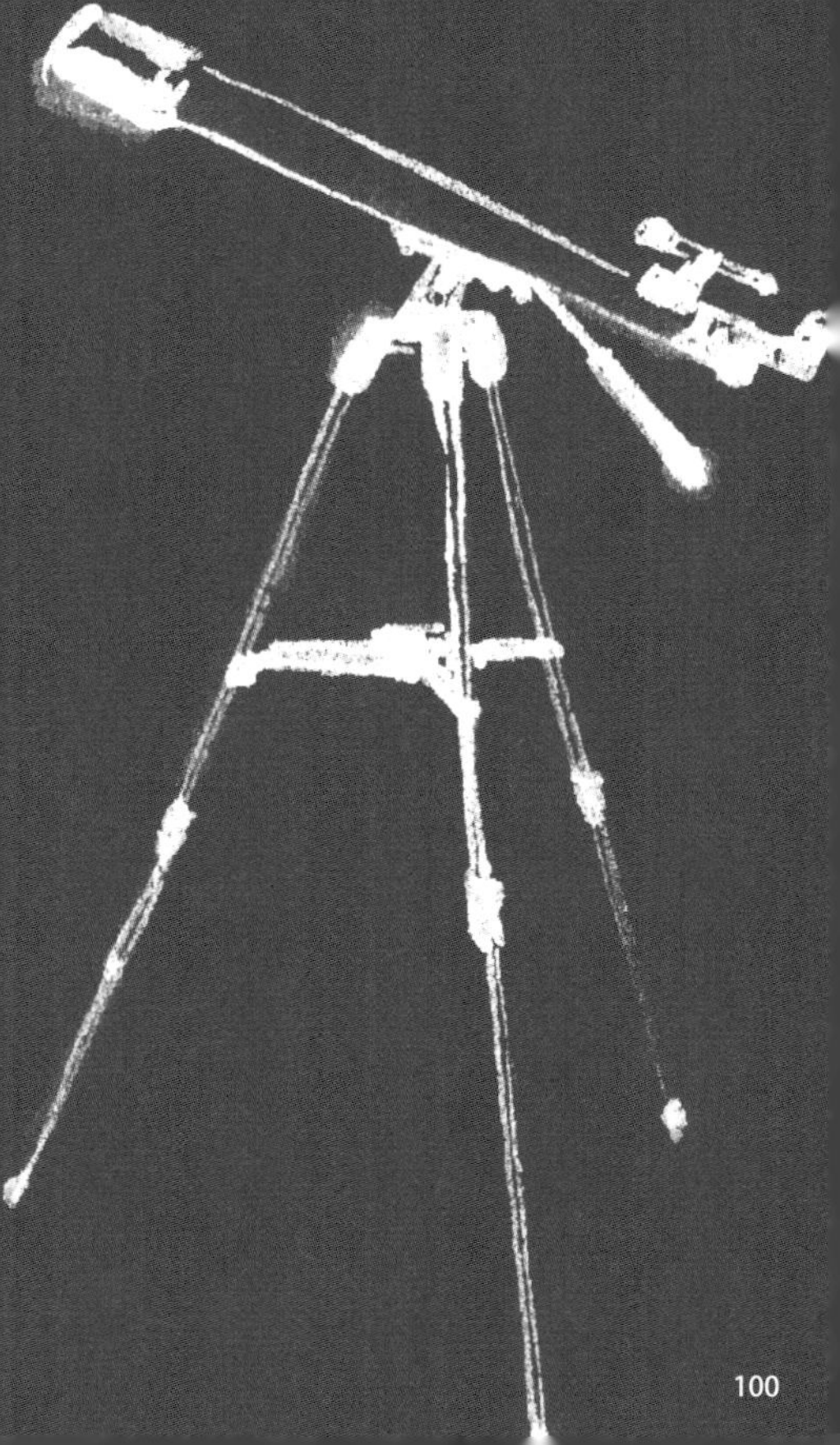

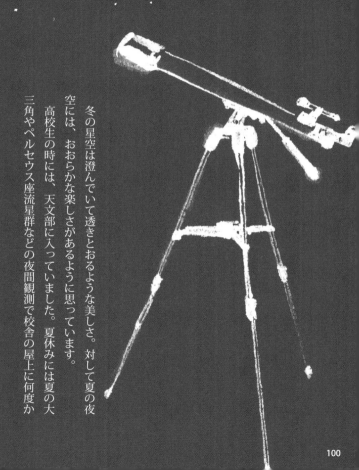

お泊まりもしました。天体望遠鏡をのぞいたり地べたにねそべって流れ星を数えたり。真っ暗な中、素肌にあたる古いコンクリートのざらっとした感触、熱と匂いは、今も何となく思い出せます。

屋上からは、京の街のあかりが見え、こちらも星のよう。夜明けが近づく頃は、とても静かで、昼には聞こえない鴨《かも》川の「ごーごー」という流れの音が聞こえてきます。自宅では味わえない上空の風を心地よく感じながら、星にまつわる「おはなし」に思いをはせていました。

大人になると、あまり夜空をゆっくりとは見なくなってしまったけれど、年に一度の七夕の日は何となく気になりますね。雨で織姫《おりひめ》と彦星《ひこぼし》が天の川を渡れない時は、翼を広げる鵲《かささぎ》にのって二人が逢《あ》えるという話を知って少し嬉《うれ》しかったことを覚えています。

梅雨があければ、京都の星空は、どんどんきれいになりますよ。

眼《まなこ》に光る
夏の雲

京都では
山鉾巡行のころが
梅雨明け
いよいよ夏本番。
入道雲も
胸をはって立ちます。

梅雨が明けるのを
じっとまっていた
蝉
土の中
七年まったんだ
失敗せぬよう
せぬよう。

羽化できた蟬《せみ》がいっせいに鳴きだした夏の朝。

朝寝をきめこんでいたのに、大合唱に起こされ、早起きしてしまう。せっかくだから蓮《はす》に会いにでかけることにしました。

早朝に青い青い空に向かって、そおっと咲き始める蓮の花はお昼頃には閉じてしまいます。花は咲くときに「ぽん」という音がするとよくいいますが、本当だったら神秘的ですね。

朝の澄んだ光の中で見る蓮は、花も葉もきらきらしてとっても綺麗《きれい》。これは、午前中にこられたことを蟬に感謝ですね。

双ケ丘《ならびがおか》の麓《ふもと》にある、法金剛院《ほうこんごういん》。蓮も美しいし、やや奥まった仏殿で阿《あ》弥陀《みだ》様や、観音様と静かに向き合うひとときも、とてもいいものです。

また「名古曽《なこそ》」と呼ばれる古代種の蓮が咲くのは大覚寺《だいかくじ》の大沢池《おおさわのいけ》。花を見ながら風に吹かれ、青紫の美しいチョウトンボに招かれるように池の周りを歩いたり、お堂の脇でゆっくりしたりと、のんびり過ごせます。嵯峨《さが》天皇も愛《め》でていたかもしれない花を見ていると、ひととき平安時代に身を置いたような気になりませんか。

大暑のころ
だらだら
していますと
尊敬する人から
暑中見舞いが
届きました。

大暑

二十四節気の一つ。七月の二十三日頃。夏至から約一ヶ月後。一年を通して一番暑い時季とされています。

夏の土用の丑

山に囲まれた京都の夏は盆地特有の蒸し暑さ。油断すると住み慣れた者でも体調を崩してしまいます。湿気が多いと食べ物も傷みやすくなりますし、体力が落ちて病気にもなりやすい。そのせいか、この時季は、水や火、風を使って穢《けが》れを祓《はら》ったり厄除《やくよ》けする行事や神事が目白押しです。

例えば鹿ケ谷《ししがたに》、安楽寺《あんらくじ》の「かぼちゃ供養」。瓢簞《ひょうたん》型の鹿ケ谷かぼちゃを食べると中風にならないといいます。火で身を清めるのは、狸谷山《たぬきだにさん》不動院の「火渡り」。神光院《じんこういん》や蓮華寺《れんげじ》（右京区）の「きゅう

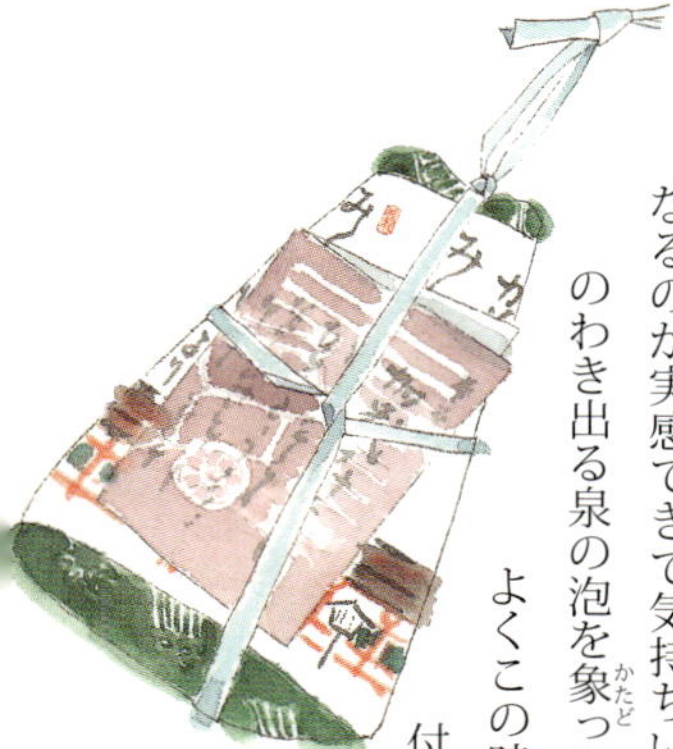

り封じ」は、弘法大師の秘法により身体の悪いものをきゅうりに移し閉じこめます。

七月の土用の丑《うし》に下鴨《しもがも》神社の御手洗社《みたらし》（井上社《いのうえ》）で行われるのは、足付けの神事「みたらし祭」。お社のご祭神は、人の罪や汚れを流してくれる瀬織津姫《せおりつひめ》様。御手洗池《みたらしいけ》に足をつけながらお社前《やしろまえ》に献灯して無病息災を願います。私にとっては子供の頃から馴染《なじ》みの神事。今もできる限りお参りするようにしています。明るいうちも行われていますが、やはり幻想的な風情がある夜がおすすめ。水からあがると、夏のほてった足が、すっきり軽くなるのが実感できて気持ちいいですよ。ちなみに「みたらし団子」の形は、御手洗池のわき出る泉の泡を象《かたど》ったものなんだそうです。

よくこの時期に、鰻《うなぎ》をはじめ、うどん、梅干し、うりなど「う」の付く食べ物を食べるとよいといいますね。私などは、同じ「う」でも、あっちへうろうろ、こっちへうろうろ。社寺の行事を巡るのが楽しくて、いつのまにか元気になっているようです。

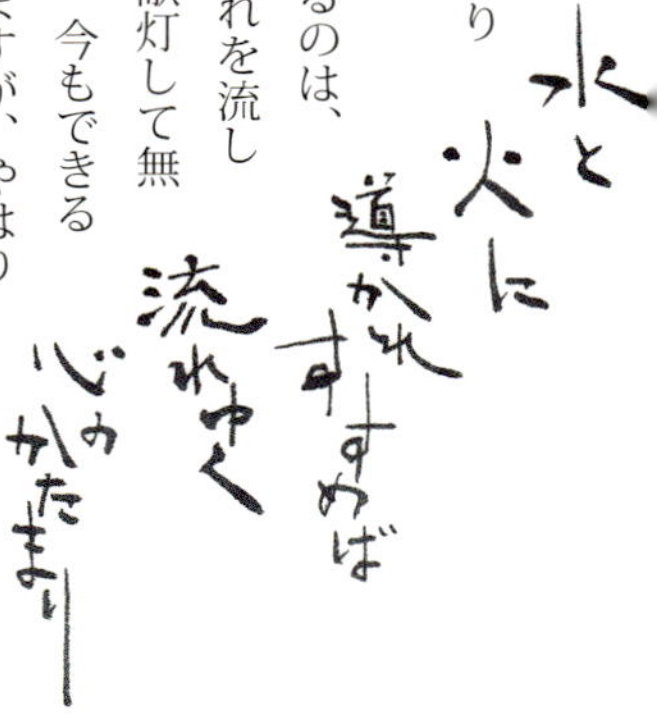
水と
火に
導かれ
すすめば
流れゆく
心の
かたまり

七月三十一日。八坂《やさか》神社の境内摂社《せっしゃ》、疫《えき》神社にくぐることで穢《けが》れを祓う「茅《ち》の輪」が設けられる。この茅の輪は神社のご祭神、素戔嗚尊《すさのおのみこと》（牛頭天王《ごずてんのう》）が「旅の途中一夜の宿を求めた蘇民将来《そみんしょうらい》という人の、貧しいながらも心のこもったもてなしに感じ入り、お礼に身につけた者の厄を免じさせる茅の輪を授けた」という故事に由来します。

八坂さんの
疫神社
夏越祭

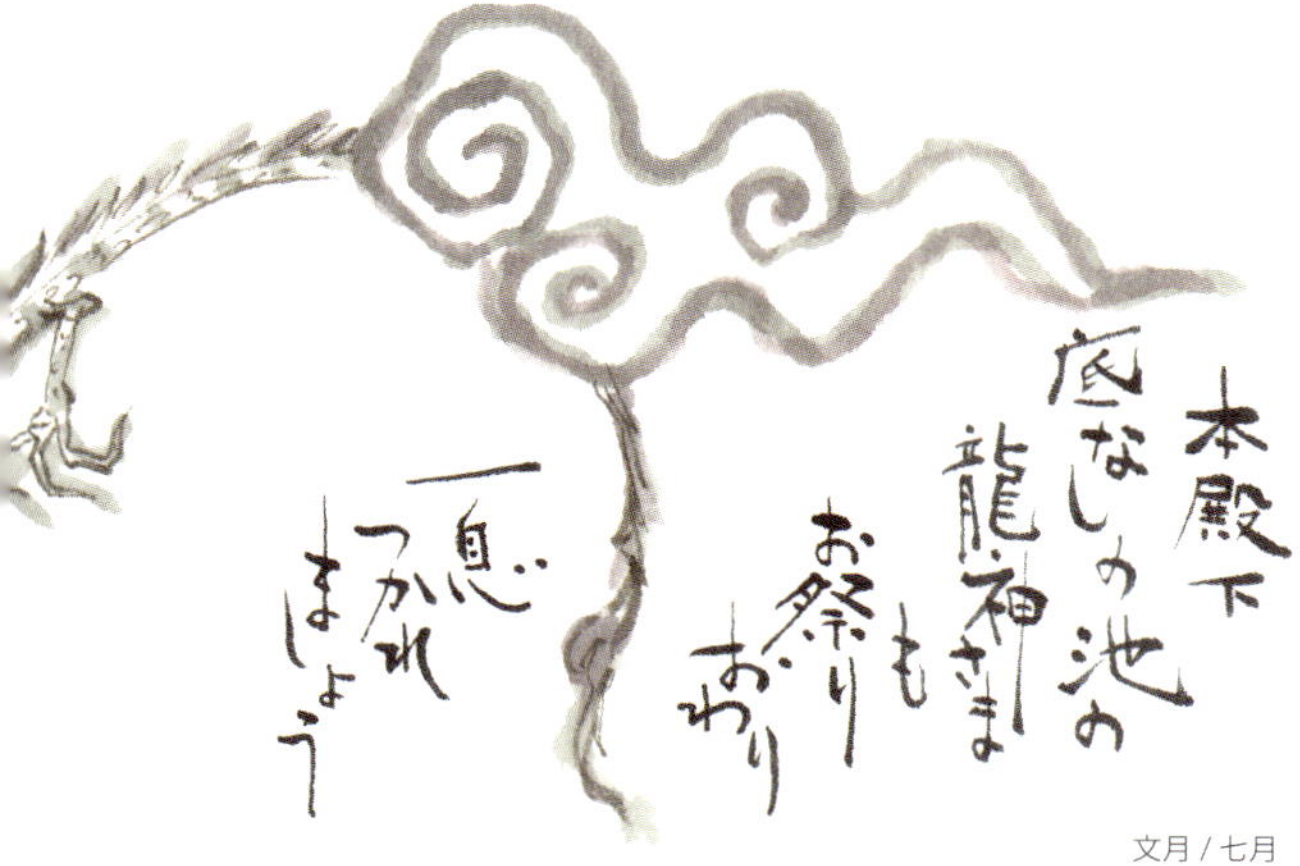
本殿下
底なしの池の
龍神さまも
お祭り
おわり
一息
つかれ
ましょう

祇園《ぎおん》祭の山鉾で授与される粽《ちまき》も茅の輪が変化したものだとか。粽やお守りの茅の輪には、「蘇民将来之《そみんしょうらいの》子《し》孫也《そんなり》」と書かれた護符がそえられ、これが疫病から免れる最強のお守りになります。

八坂さんの「茅の輪くぐり」は、ひと月続いた祇園祭の最後の神事でもあります。これで祭を守っている町衆の方々も一息つけるのだろうと、声をおかけしたことがあったのですが、「まあ、また明日から来年の祭の準備がはじまります」との返事に驚きました。

七月のおわりに
もうひとつ
大事なことが
ありますえ

火のかみさんに
ようおまいりやす

七月三十一日夕刻から八月一日早朝にかけて愛宕《あたご》山は「千日詣《せんにちまいり》」の参拝者で賑《にぎ》わいます。愛宕山は北東にそびえる比叡《ひえい》山と鬼の角のように向かい合ってにらめっこしているお山で、昔は清滝《きよたき》川で身を清めてから参拝したという霊山です。火伏せの神様として親しまれ山頂の愛宕神社にこの日お参りすれば千日分の功徳があるといい、日が暮れると一の鳥居から山頂までの参道を「おのぼりやす」「おくだりやす」と声をかけあい参拝する人の列が続きます。

また「三歳迄《まで》に愛宕山にお参りすると一生火難を逃れる」ともいわれ、小さな子をおぶって登るお父さんお母さんの姿も見られます。

年に一回 老若男女の詣火が 九十九折を行く

「伊勢へ七度、熊野へ三度、愛宕山へは月詣り」。古《いにしえ》から京都の人々は「応仁《おうにん》の乱」「西陣焼け」「天《てん》明《めい》の大火」「どんどん焼け」等の大火にみまわれ、心に刻まれた火に対する恐れが根強い信仰になったのかもしれません。役行者《えんのぎょうじゃ》と泰澄《たいちょう》が開山したことに始まり、愛宕山太郎坊という天狗《てんぐ》が住むというお山には、やはり力を感じます。明《あけ》智《ち》光秀《みつひで》が信長《のぶなが》を討つ前に参拝した話も有名ですね。

ともあれ、京都に暮らす人はもちろん、仕事柄火を扱う人々の信仰を集める愛宕さん。お料理屋さ

んの台所にはたいてい愛宕さんのお札が貼ってあり、京都ではもっともなじみ深いお札の一つ。しばらく山へ行っていない私の家の台所にも、行きつけの鉄板焼き屋さんのお兄さんからいただいたお札がしっかり貼ってあります。
毎年、蘇民将来の粽を戸口に、愛宕さんの護符を台所に貼って、まずはひと安心の我が家なのです。

葉月《はづき》

入道雲、かみなり雲、夕立。
豆腐屋さんのラッパ。
ゆれる風鈴、夕涼み。
下《げ》駄《た》の音。
蚊取り線香の匂い。
縁側で食べるスイカにかき氷。
ラムネのビー玉の音。
縁日ですくった金魚。
浴衣《ゆかた》に線香花火。
満天の夜空に流れ星。
朝顔の青、百日紅《さるすべり》の赤。
愛すべき夏はとっても短い。

おたの申します

八朔《はっさく》。八月一日。朔は朔日《ついたち》、月の初めのことです。毎年この日、祇園《ぎおん》では、芸妓《げいこ》さんと舞妓さんが礼装を身にまとい、お世話になっている人を訪ねてまわる姿が見られます。

もとは、旧暦八月の行事ですから、ほんとうなら秋の実りの季節。農家の人が豊作を祈り、お世話になった人に初穂を送っていた行事が、いつしか贈答の習慣に変わっていったのだとか。「田の実」が「頼み」へと転じ、祇園では、常日頃、お世話になっている（頼みとしている）芸事のお師匠さんやお茶屋さんへ挨拶《あいさつ》に回るようになったのだそうです。

「おたのもうします」「おきばりやす」決まり文句で交わされる挨拶ですが、何ともいえない風情があり、また、こめられた気持ちがあるんですね。

実りの秋からは、ちょっとずれた花街の八朔。夏の暑い盛りに忙しく行き交う芸妓さんや舞妓さんは大変そうですけど、わたしの好きな、京都の夏の風物詩です。

花街あたり
八朔の日の
風景

立秋

二十四節気の一つ。八月八日頃。暦の上では、秋となりますが、まだまだ暑いので、この日から残暑という言葉を使います。

祇園祭も終わり、やっと京都にも夏がやってきます。
けれど、八月も少し過ぎると立秋。暦の上では、もう秋です。
六道珍皇寺《ろくどうちんのうじ》の「六道まいり」が始まり、東山に迎え鐘の音が響きます。
家庭では、お盆に帰ってくるお精霊《しょらい》さんをお迎えする準備。
私も小さい頃は、毎年仏壇のお飾りをはずして、
磨き粉で綺麗《きれい》にするなどのお手伝いをしていました。
それが終わるとお墓参り……。
ご先祖さまのことだけでなく、
歴史上いろいろあった京都では、この時季はとても大切です。
京都の蒸し暑く短い夏は、あれよあれよと、忙しく過ぎていきます。

鴨川《かも》には床だってでているし、
「こんなに暑いのにどこが秋なの」と思うけれど、
十六日の送り火のあとには、ちゃんと秋の気配を感じます。

京都の夏は、本当に暑い。
むしむしむしむし……あついあつい。
炎天下のお出かけは、できることなら、
したくはないけれど、そうもいきません。
お日様が少し西に傾くとお慈悲の片陰《かたかげ》。
人も猫も影から影へと渡り歩きます。

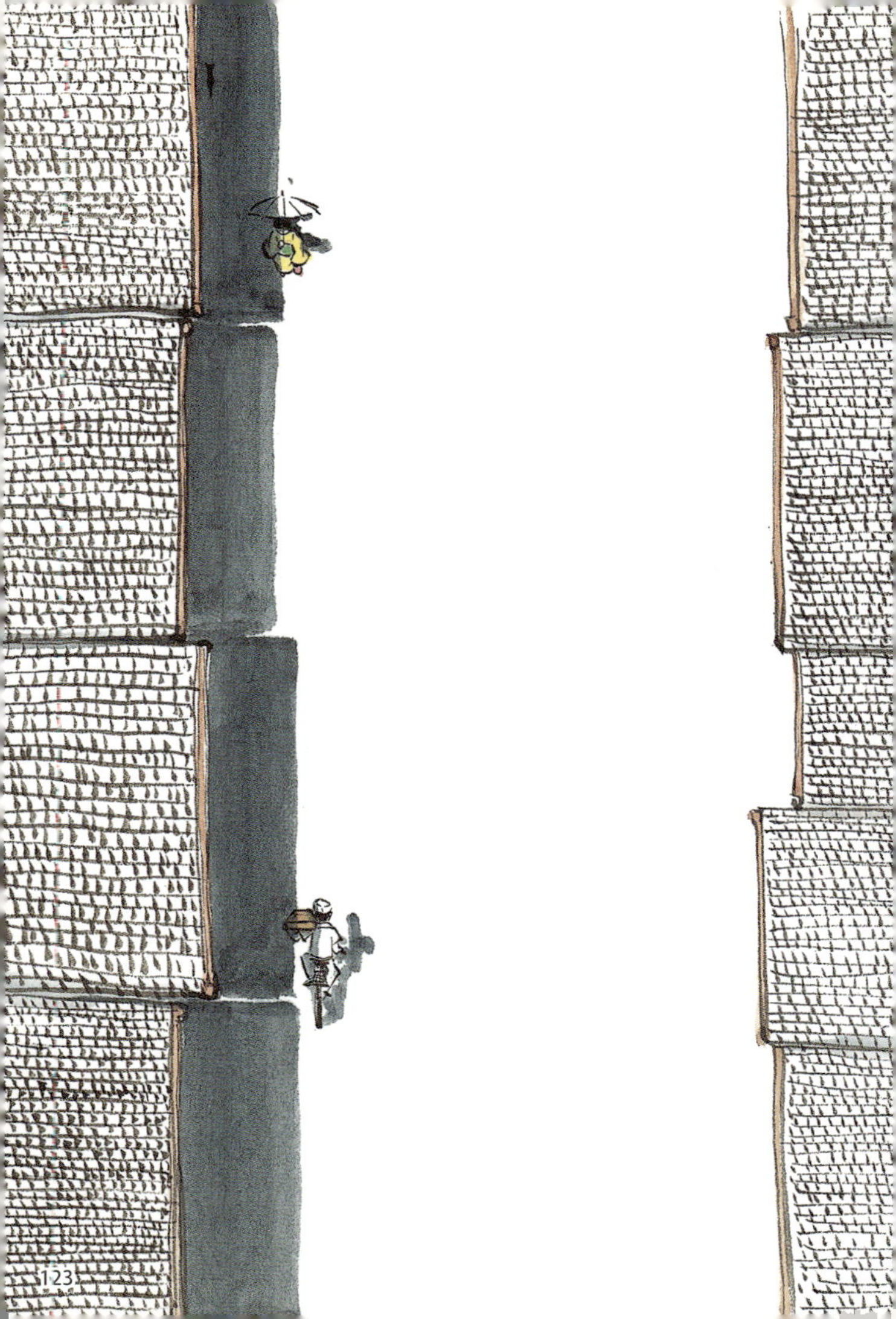

送り火

八月十六日夜八時
大文字、妙法、船形、
左大文字、鳥居形へと
順々に火が点されます

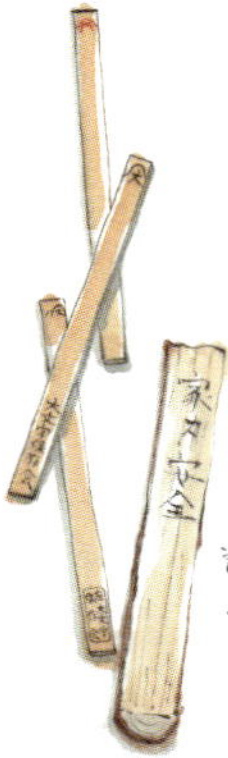

送り火の護摩木

子供の頃は、お盆近くになって、ちょうちょなんかが近づいてくると、「おじいちゃんが帰ってきてはるわ」なんて会話をしていたものです。大人の人がよく話していた、狐や狸にばかされた話や天狗《てんぐ》の話などもそうですが、昔の人は何かしら気配というものを大切に過ごしていたように思います。

送り火の日は、夕方までに仏壇のお供え物をつつみ、近所のお寺にもっていきます。夜になり「大文字」を皮切りに山々に火が灯《とも》りだすと、食事中でも近くの出雲路《いずもじ》橋まで出て送り火を見にいきました。母をまねて手を合わせる。

「ご先祖様、どうぞご無事でお帰りください……」

大切な人を送る火は、人々の願いがかかれた護摩《ごま》の木の炎です。

ゆらゆらゆらゆら

広沢《ひろさわ》の池の灯籠《とうろう》流し。

鳥居の点火に合わせて行われます。

処暑《しょしょ》

二十四節気の一つ。八月の二十三日頃。暑さがやむという意。だんだんと涼しくなり、穀物が実り始める季節です。そろそろ台風もやってきます。

子供のころは鴨《かも》川で泳いだり、魚を手づかみで捕ったりしたものでした。いろんな種類の魚や鳥、虫などがいっぱいいましたし、今時なら危ないからといって、遊ばせてもらえないような、深みがところどころにあって、面白かった。そんな深みも今は整備され、もうありませんが

……。

この、夏のとっておきの遊び場も、お盆のころ、水辺にはいかないようにと、母がお念仏のように言い始めるとおしまい。そろそろ夏休みも終わりです。残る夏の楽しみは「地蔵盆」。ちょうど処暑のころ、お地蔵さんの縁日の二十四日前後に京都の路地《ろおじ》をのぞいてみると、子供たちの楽しそうな姿が今も変わらず見られます。

変わっていくもの、変わらないもの。人も風土も少しずつ変わってきてますが、今も昔も、京都の人に愛されているこの川の堰堤《えんてい》には、今日も小魚をねらう白鷺《しらさぎ》がジーッと、たたずんでいます。

夏も もう 終わり
北山杉 に 夕日が
しみこんだら
ひとりぼっちの ヒグラシが 鳴いた。

早く お家 に
かえらなくっちゃ

長月《ながつき》

明るい月明かりは秋の長い夜を美しく照らし出します。涼しくなった風に立ちゆらぐ秋の草花。

京のお月様は古今変わらず東山からのぼります。

月明かりによって浮かび上がった世界は、日中や人の作った光では決して見せない顔を見せます。

それは暗い池の水面に映った月のように、はかない世界。あちらとこちら、裏と表。そこに人は神秘的な何かを感じ、月の光に憧《あこが》れて多くの歌に詠んできました。

源氏物語の中でも末摘花《すえつむはな》という姫が竹取物語を手にする場面が描かれています。紫式部《むらさきしきぶ》も今と変わらぬ月を愛《め》でて、一読者として、かぐや姫の月の世界に思いをはせていたのでしょうね。

白露《はくろ》

二十四節気の一つ。九月七日頃。しらつゆが土手の草の上でキラキラと光り、あちらこちらに秋の気配が見え隠れし始める時季です。

九月に入ると、空の表情が違ってきますね。

空は高くなり、上へ上へと伸びる存在感のある入道雲に代わって、鱗《うろこ》雲やいわし雲、はけで描いたような薄くおぼろげな雲たちがやってくる。空に張り付いたようにどこまでも続く雲は秋空に美しいパースをつくって、絵画的な奥行きと広さを感じさせてくれます。

特に夕刻、近所のお寺の鐘が鳴る頃の帰り道や洗濯物を取り込んでいる物干し台からふと見あげる秋空は、はかなげで、ものがなしくもあり、いつまでも、いつまでも見ていたいと思う美しさです。

重陽の節句

九月九日は、重陽の節句。

古代中国の陰陽の思想では、奇数は陽の数といわれていて、九という数は、その中で最も縁起の良い数なんだそうです。大きな陽の重なる日ということで「重陽の節句」。三月三日の「桃の節句」や五月五日の「端午《たんご》の節句」などに比べるとあまり耳慣れない節句ですが、九月生まれの私としては一押しの、実はとっても「良い」日なんですよ。

重陽の節句は「菊の節句」ともいわれます。菊は天皇家の御紋にもあしらわれる花だけあって、京都では昔からなじみ深く、大切にされてきたお花です。また、紫式部が「菊の露　若ゆばかりに袖濡《そでぬ》れて　花のあるじに　千代はゆづらむ」と詠

んでいるように、菊の上のしずく「菊の露」を飲むと長生きできるとか、重陽の節句前夜から花に綿をかぶせておき、その香と露を移した「菊の綿」でその身をぬぐうと若返る、などといわれていたそうです。当時最先端のアンチエイジング・アイテムだったのかもしれません。

今ではさすがにそういったことをする人はいませんが（私は目にいいということで、菊のお茶をたまに飲んでいます）、菊は変わらず京都の人に愛されていて、この時季になるとあちこちのお寺や、各家の軒下に飾られ目を楽しませてくれます。

空気の澄んだ秋は、空や月や山の木々など、花のほかにもきらきらした物が沢山あります。綺麗《きれい》な物を見るのは、気持ちのいいもの。やっぱり九月の京都は縁起の良い若返りの月だと思うのです。

　九月になって少しすると、あちらこちらで萩《はぎ》の花が一斉に咲き始めます。いつもこっそりと私に秋の訪れを教えてくる花。道端にたくましく咲いているのもいいですし、社寺の境内で、お庭や土壁、古い建物を背景に咲いているのも趣《おもむき》があります。
　咲き始めから終わりまでが、ほんのひとときの萩ですが、そんなはかなさも魅力のひとつ。私のお気に入りは、吉田山のお寺に咲く花と、昔から馴染《なじ》みのある梨木《なしのき》神社の萩。時間が見つかると季節はずれの蜂のようになって、散歩がてらに見て廻《まわ》ります。
　萩の花が咲くと、そろそろお彼岸さん。お彼岸さんといえば「お墓参り」と「おはぎ」です。どうしてお彼岸に食べるようになったかは、よく知りませんが、私の大好物なので深くは考えません。聞くところによると、おはぎは、小豆《あずき》の粒が、萩の花の咲き乱れるさまに見えるので「萩の餅《もち》」と呼ばれるようになり、それがやがて「おはぎ」になったんだとか。小豆の赤い色が身についた邪気を祓《はら》ってくれるともいわれていますが、私は断然きなこまぶし派です。

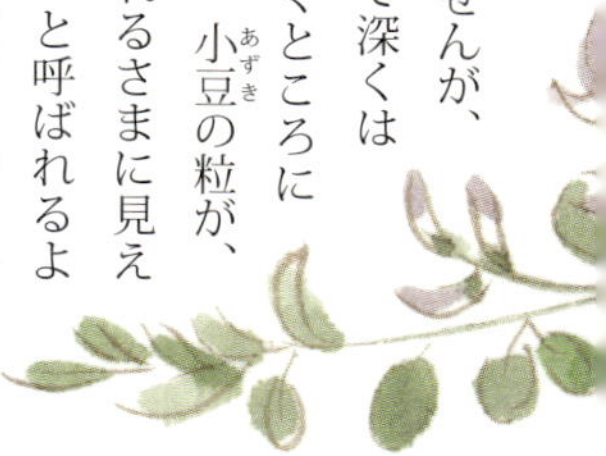

　昔は毎年、春と秋のお彼岸になると家族総出でおはぎを沢山作っていましたが、萩の花のない春に作るときには、ちゃんと「ぼたもち」っていってたなぁ。（ちなみにぼた餅はボタンの花から……）

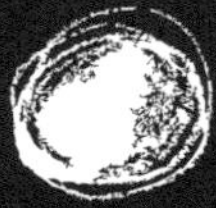

十五夜のお月さま
中秋の名月は
鏡のように美しい。
十六夜《いざよい》
立待《たちまち》月
居待《いまち》月
臥待《ふせまち》月
更待《ふけまち》月
十五夜の満月から
毎夜ごと 月の出が遅くなって
月の名まえも 変わっていく。

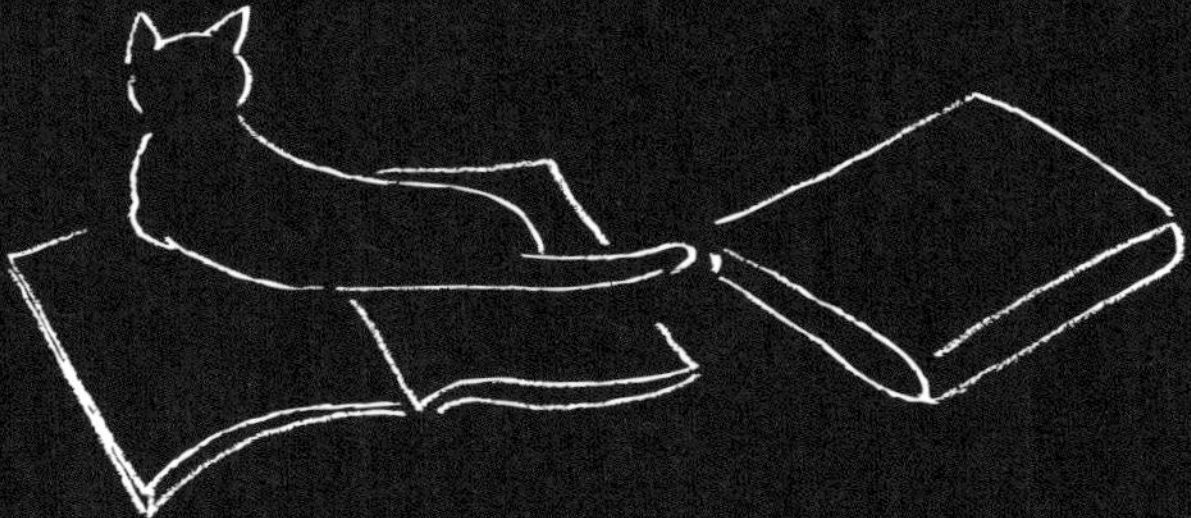

立って待ち
すわって待ち
寝て 待って
夜が更ける

待って まって
待ちくたびれて
恋しいものを待つ思ひ
それなれば はじめから
ゴロリ として 待ちましょうか
猫をお手本に。

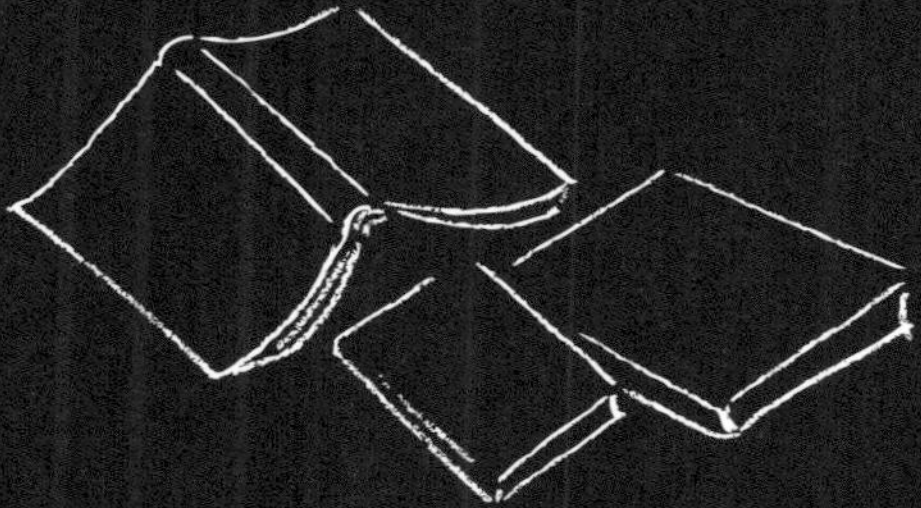

秋分

二十四節気の一つ。
九月二十三日頃。
秋のお彼岸の中日。

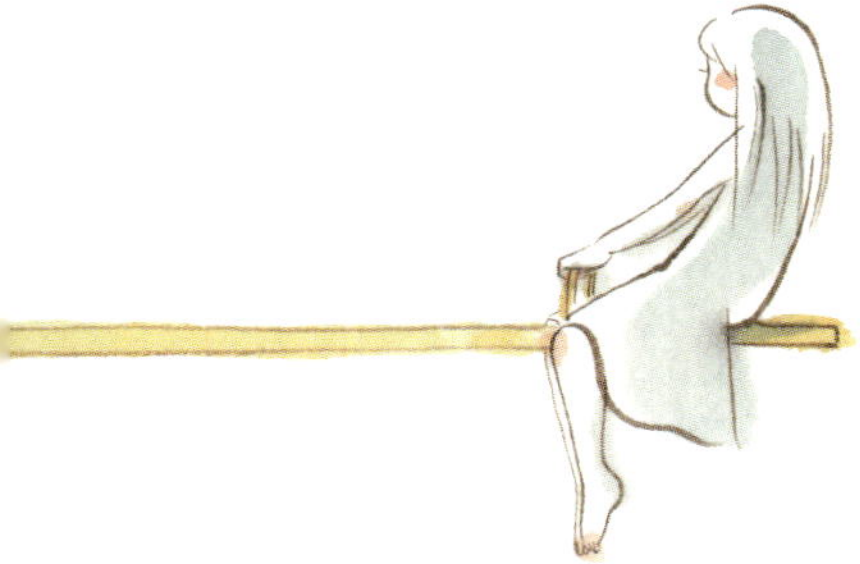

お昼と夜の長さが
ほぼおんなじになる
この日から だんだん
夕暮れさんの足が
早くなり
なんだか さびしくなります。

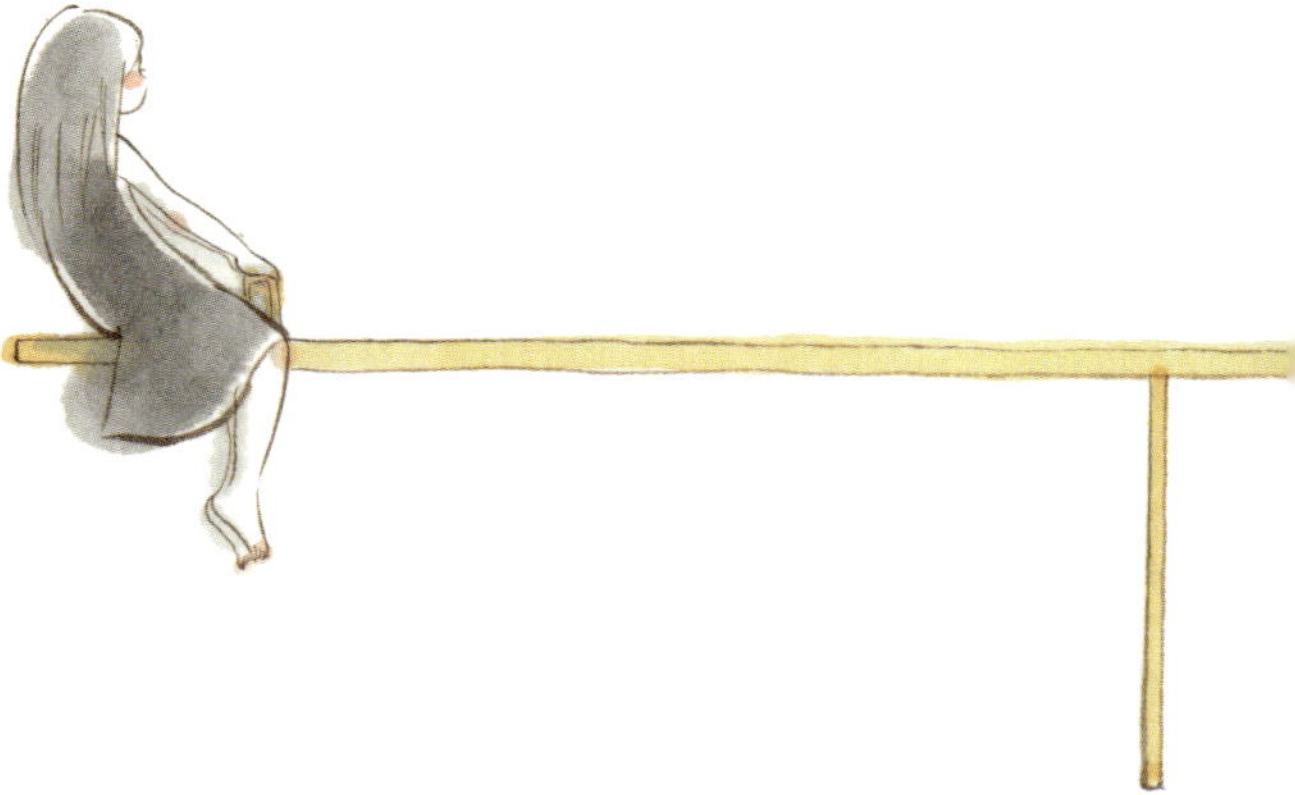

近くのお寺の鐘も
この日から春分の日まで
冬じかんの五時に
うたれます。

大人になれば
夜長月には
いっぱい本を買いこんで
虫の音とお月さまを
おともに
夜長をたのしみます。

稲穂が金色に色づき、そろそろ稲刈りが始まる季節。田んぼのあぜ道を歩くのが好きです。稲刈りの終わった畑も大好き。久しぶりに柔らかい土がむき出しになった畑。所々に稲が干してあるのを見るのがなぜかとても楽しみなんです。

そしてそして、さらに私の気持ちを引きつけるのはやっぱり彼岸花。あぜ道の両側にみっちりと群生する赤い花が、いつもの道を特別なものへとかえてくれます。花のあるときには葉がなく、葉のあるときには花がない「葉見ず花見ず」といわれるこの花を、何度も摘んで帰って何度もしかられました。お彼岸の頃に咲き、鱗茎《りんけい》に毒もあるのであまり縁起が良くないとされて

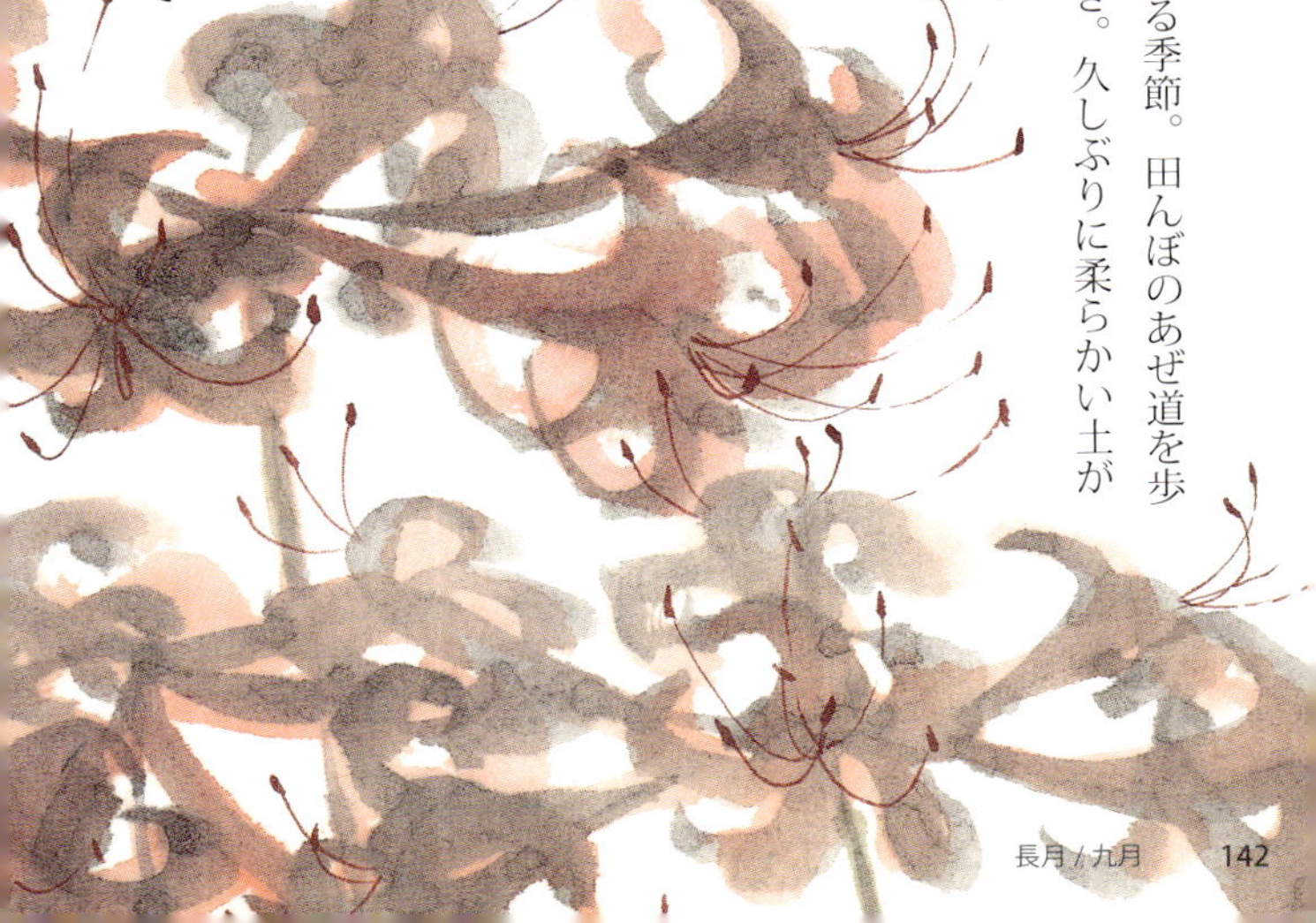

曼珠沙華

いたからです。一方では「曼珠沙華《まんじゅしゃげ》」という呼び名もあって、こちらは「天界の花」という良い意味もあるようですが、美しくもどこか影のあるこの花には、妙に惹《ひ》かれます。

街の水田も減ってきた近年は、思い出の風景を求めて広沢《ひろさわ》の池の西に広がる田園地帯へよく出かけます。ここは、とても素敵な場所で、焚《た》き火や畑の匂いをかぎ、咲き乱れる花を愛《め》でながら広い畑のあぜ道を散歩しているとあっという間に日が暮れます。うまくすると、空には秋の澄んだ空気が見せてくれるびっくりするほど大きくて明るい月。そして月明かりの下で見る曼珠沙華は、昼とは違った妖《あや》しい美しさをはなちます。

神無月《かんなづき》

神の月。各地の神々が出雲《いずも》へ出かけていなくなる月。

毎年十月になると、神社に出かけるたびに本殿をのぞいては、「いはらへんのかな」と思い。家のクローゼットをのぞいては着ていく服がないなぁ……。と悩む。ぼんやりしたことを何年も、いつも同じ時季になると考えているので、ええかげんこの頃は笑えてきます。

十月秋晴れ
運動会の音
空高くあがり
窓をあけると
金木犀《きんもくせい》の香り。

コンビニの帰り
金木犀と銀木犀の
あまい香りにさそわれて
ついつい遠回りで
夜散歩。

家々のあたたかな　あかり
お風呂《ふろ》の音
なんだか　しあわせな色や音。
私も早くかえって
お風呂へ
ザブンと、したくなります。

寒露《かんろ》

二十四節気の一つ。十月八日頃。晩秋から初冬の冷たい露が草葉に降りる時季。そろそろ秋の収穫の時季です。

秋の黄昏《たそがれ》時。「誰《た》そ彼《かれ》は……」人の見分けがつきにくくなる時間です。

日暮れ、夕暮れ、くれなずむ空。夕焼け小焼け、焦げ始めた空のはじっこは、見る見るうちに炎となり、天と地は茜《あかね》色に包まれる。

いろんな色の混じり合った、暖かな夕焼け。

正法寺《しょうぼうじ》の一本杉のところで――
真如堂《しんにょ》の鐘楼で――
黒谷《くろだに》さんの文殊《もんじゅ》の塔で――
大豊《おおとよ》神社の拝殿から――
鴨《かも》川の橋の上から――
広沢《ひろさわ》の池で――
嵯峨《さが》野《の》の田園の畦道《あぜみち》で――
我知らず立ち止まり見つめてしまい、気がつくと私の中は「からっぽ」になっています。

秋の夕日は癒《い》やしの明かり。愛宕《あたご》山のある西山に沈むお日様は、人にも空にも山にも猫にも、ただただやさしく平等です。

芒《すすき》も自分も皆同じ、心の修羅はどこへやら。

黄金色にゆれる稲穂は美しい。
「日照りや台風に負けず、ほんに、ほんに、よかった」と、
田んぼの案山子《かかし》も一安心。
手しおにかけて育てた人の心も実ります。

その年に収穫した「初穂」を伊勢《いせ》神宮の天照大御神様に奉《まつ》り、
五穀豊穣《ほうじょう》を感謝する儀式が神嘗祭《かんなめさい》です。

神《かん》嘗《なめ》祭《さい》

この時季、日本中の神社で執りおこなわれる秋祭りも、
春から稲の成長を見守ってくださった田の神様に感謝を捧《ささ》げるもの。
お祭りが終われば神様は山へ帰って一休み。
次の春まで山を守ってくれます。

秋の稲穂は見れば見るほど美しく一粒一粒がいとおしい。
これをいただくことができるのは、まさに感謝につきます。
いつもお米屋さんに新米が並ぶのを、わくわくしてまっています。
土鍋《どなべ》のフタを開けると炊きたての新米はいつもよりピカピカ。

お天道さまを、土を、水を、火を、そして心をいただきます。

十月二十二日は、桓武《かんむ》天皇により都が京都に移された日。この平安時代の始まった日を祝したお祭りが時代祭です。

霜降《そうこう》

二十四節気の一つ。十月二十三日頃。秋も更け、霜が降りるという意味。朝夕、肌寒くなり、紅葉もうっすらと色づき始め、冬間近のうら寂しさを感じる時季です。

平安京の最初の天皇、桓武天皇と最後の孝明《こうめい》天皇をご祭神とした御《み》輿《こし》が渡り、平安時代から明治維新まで、京に都があった約千年の風俗をその時代の装束で現し練り歩く絵巻物。

小野小町《おののこまち》さんや紫式部《むらさきしきぶ》さん、清少納言《せいしょうなごん》さんの出で立ちも見えますが、もし当の彼女たちが見たら「いとをかし」と思ってくれるでしょうか。

そして同じ日の夜、洛北の鞍馬《くらま》では火祭りが行われます。毎年見に行くわけではないのですが、私の中では時代祭とひとくくりになっていて、夜になるとなんだかそわそわして気になります。

もみじへ渡す鞍馬の火

火祭りは鞍馬寺の鎮守社、由岐《ゆき》神社のお祭り。私も大好きなお祭りの一つです。男衆が大きな松《たい》明《まつ》を抱え鞍馬の街道筋を練り歩く。「さいれいや、さいりょう」のかけ声と松明の音、そして火の粉が漆黒の鞍馬の夜空を天へ天へとあがってゆく。

祭りの熱気とは裏腹に、気がつくとぐんと冷え込んでいて思わず手をこする。もう霜降なんですものね。いつの間にか秋も深まっていることに気づき、祭の火が心にしみます。

祭が終わるのは真夜中近く。先ほどまでの熱気が嘘のようにきんと冷えた星空が見えます。

この季節
玄関前で みーちゃんに
ぬかれることしばしば。
草たちの ひっつきむし作戦に
まんまと利用されるのだ。

みーちゃんと同じ場所を
通ったのかな。

霜月《しもつき》

竜田《たつた》姫《ひめ》という秋を司《つかさど》る女神さまがいらっしゃいます。その昔、大和の国の人々は古代中国の陰陽五行思想を取り入れ、都の東にある佐保《さほ》山を春の女神「佐保姫」、西にある竜田山を秋の女神「竜田姫」と崇《あが》めていたのだそうです。

竜田姫が
そっと
山を
なでました。

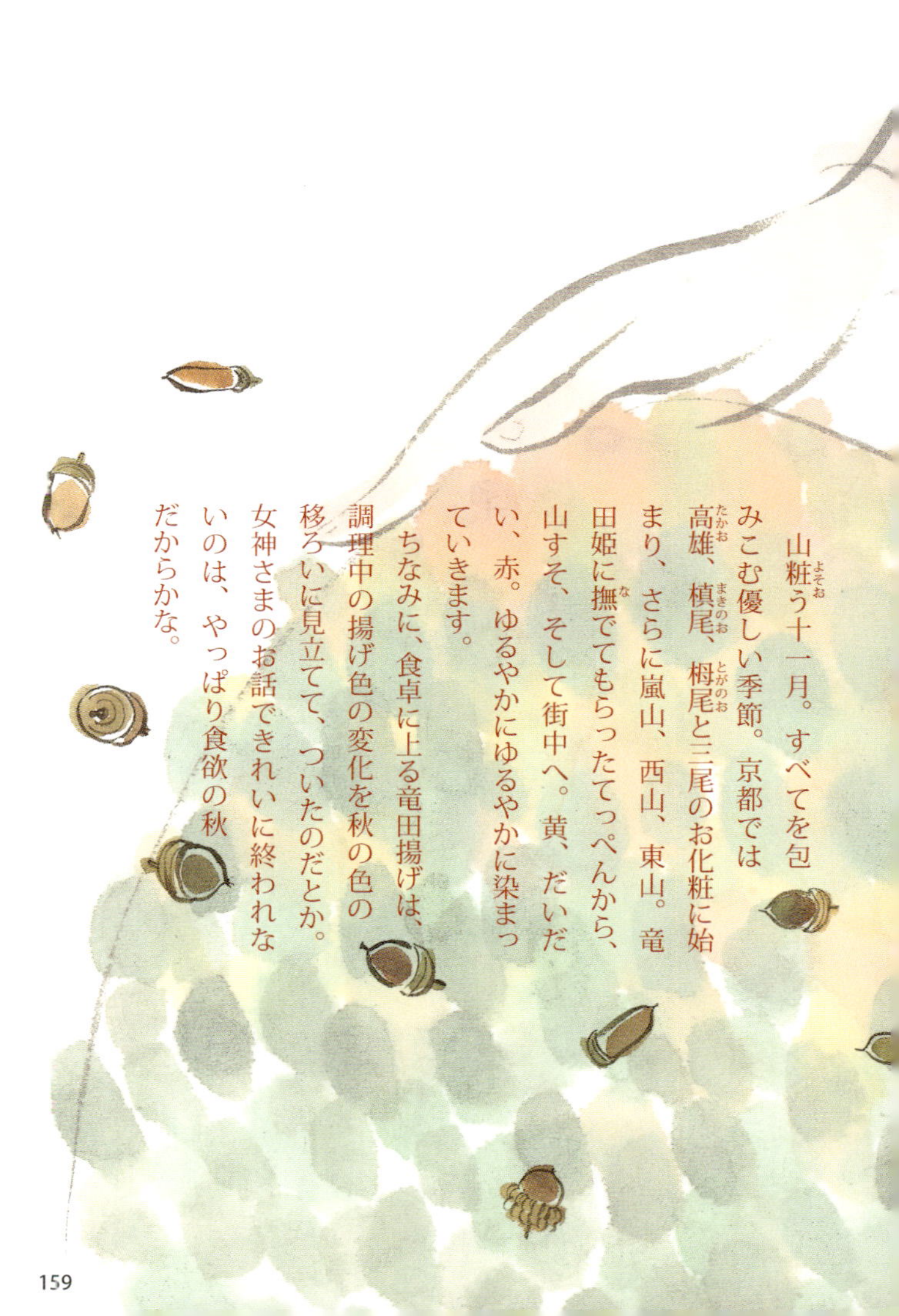

山粧《よそお》う十一月。すべてを包みこむ優しい季節。京都では高雄《たかお》、槇尾《まきのお》、栂尾《とがのお》と三尾のお化粧に始まり、さらに嵐山、西山、東山。竜田姫に撫《な》でてもらったてっぺんから、山すそ、そして街中へ。黄、だいだい、赤。ゆるやかにゆるやかに染まっていきます。

ちなみに、食卓に上る竜田揚げは、調理中の揚げ色の変化を秋の色の移ろいに見立てて、ついたのだとか。女神さまのお話できれいに終われないのは、やっぱり食欲の秋だからかな。

亥の月　亥の日　亥の刻に　無病息災

京都御所、蛤御門《はまぐりごもん》の南西に、狛犬《こまいぬ》ならぬ狛猪《こまじし》が出迎えてくれる護王神社《ごおうじんじゃ》があります。明治天皇の勅命でこの地に還宮される前は、高雄の神《じん》護寺《ごじ》境内で、和気清麻呂公《わけのきよまろこう》をお祀《まつ》りしていたお社《やしろ》だったそうです。和気清麻呂公は桓武《かんむ》天皇に平安京遷都を勧めた人。この人がいなかったら京都はなかったかもしれません。その清麻呂公を猪が災難から救ったという故事から猪が神様のお使いとされています。

十一月一日、護王神社で行われる「亥子祭《いのこさい》」という神事があります。亥の月、亥の日、亥の刻に餅《もち》を食べると病気をしないとされ、このとき食べるお餅が「亥子餅《いのこもち》」。古くは宮中でも「御玄猪《おげんちょ》」という名で同様の儀式があったそう

亥子祭《いのこまつり》

子孫繁栄願ひ食べる亥の子もち

です。平安時代の装束をまとい、古式に則《のっと》った儀式を粛々と行う亥子祭。黒、赤、白の三種類の亥子餅を神様にお供えしたあと、提灯《ちょうちん》を掲げ、行列を組んで蛤御門から御所へ献上されます。

参拝者にも亥子《いのこ》囃子《ばやし》を唱えながらついた亥子餅が授与されるのでありがたくいただきますが、この時季は、京都の和菓子屋さんの軒下に亥子餅と書かれた張り紙がでるので、気軽に手に入れることができます。

お火《ひ》焚《たき》祭

松原《まつばら》通の和菓子屋さんに行こうと縄手《なわて》通を歩いていると、なにやら小さな人だかり。見てみると昔からある小さなお店の前で神職の方が祝詞《のりと》をあげています。よく見るとお店の前に七輪が用意してあり、すでに炭がいこっている。
「ああ懐かしい。お火焚《ひたき》や……」

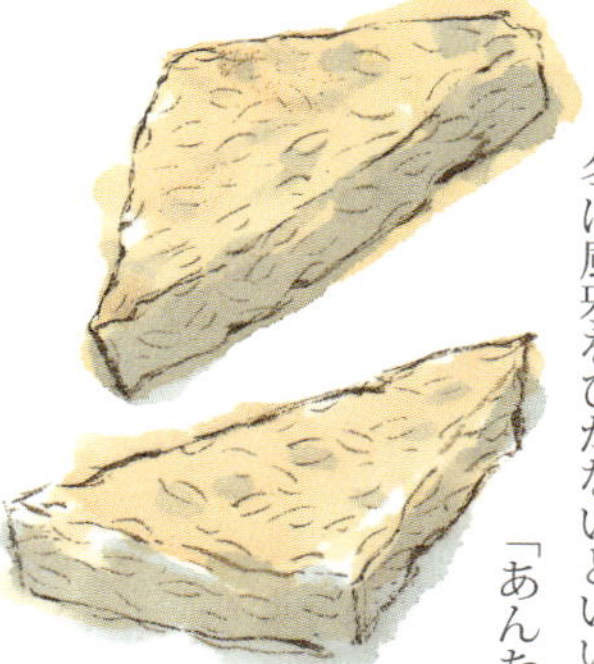

十一月になると京都では、多くの社寺でお火焚祭が行われます。元は宮中の新嘗祭《にいなめさい》（収穫に感謝して、さらに翌年の豊作を祈る行事）が民衆に広がったものだそうです。民間のお火焚は「おくどさん」に感謝する行事。新米を神前にお供えし、護摩《ごま》木を焚《た》いて一年の無事と商売繁盛や火難除《よ》けを祈願します。家に竈《かまど》のない近年は神社の神事以外では、長らく見たことがありませんでしたが、この辺りは古くからお商売を続けておられるお家が多いのでまだ残っているんですね。なんだかとても嬉《うれ》しくなりました。

お火焚が終わると護摩木の残り火でおみかんを焼きます。これを食べると、その冬は風邪をひかないといい、みんなで食べる。遠巻きに見ているとおばあさんが「あんたもおあがり」とお下がりを分けてくださった。

ここ数年は、白峯《しらみね》神宮さんのお火焚祭で火炎宝珠の焼き印が押された紅白のお饅頭《まんじゅう》やおこしを、お下がりにいただいていましたが、焼きみかんは、ほんとうに久しぶりです。

真っ黒にすすけたおみかんですが中は少し温かい程度でおいしい。寒い季節のとっても暖かいお裾《すそわ》分けです。

立冬

二十四節気の一つ。十一月七日。冬の始まり。立冬から立春の前日までが冬です。

盆地で底冷えのする京都では、それなりに気合いを入れ、心身ともに冬じたくをせねばなりません。じきに木枯らし一号もやって来ます。

厚手のウールの靴下、湯たんぽ、膝《ひざ》掛け、毛布、フリース。あぁ、どんどんもっさくなってゆく。風邪をひかぬよう、うがいをして温かい物を食べなくては。かぶらや水菜、九条葱《くじょうねぎ》など、この時季の京野菜は美味《おい》しいので、鍋《なべ》の材料には事欠きません。それから搾りたての酒粕《さけかす》にショウガと日本蜜蜂《みつばち》の蜜をたっぷり入れて作った甘酒……。

あら、なんだか冬支度も楽しくなってきました。

神在祭とえびすさま

お米の収穫が無事終わると、人々の暮らしを一年間ずっと見守ってきた土地の神様達もやっと一安心。けれどほっとしたのもつかの間、年に一度の大集会がある出雲《いずも》へとおでかけです。

「神在祭《かみありさい》」は、十一月に出雲で行われる神事。普段は日本中に鎮座しておられる八百万《やおよろず》の神々が集まり、いろいろと大切なことを取り決めるのだそうです。出雲では「稲佐《いなさ》の浜《はま》」で神々を出迎え、出雲大社で神在祭、そして神様の会議が終わった後の神送りの神事まで、大忙し。出雲に暮らす人達も神様に粗相《そそう》があってはいけないので、その間は静かに過ごすようにするのだとか。

一般的に十月のことを「神無月《かんなづき》」と呼ぶのは、旧暦の十月十日から十七日の間（新暦では十一月）、神在祭のために、神様が出雲に出張され、お留守になることからきています。

そんなわけで、出雲以外には、神様がいなくなってしまう「神無月」。やっぱりちょっと困る、ということで、じつは、ちゃんとお留守番の神様もいらっしゃいます。そんな神様の一柱が「恵比須様《えびす》」。

この時期、神社へ行かれる折は、是非恵比須様にお参りしてください。

こんな季節になりました

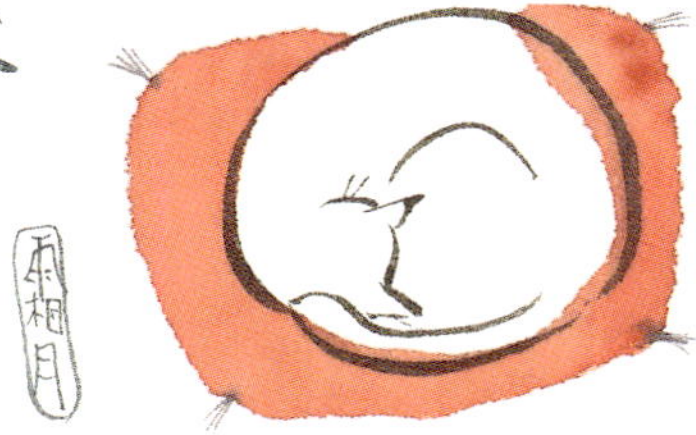

小雪《しょうせつ》

二十四節気の一つ。十一月二十一日頃。日差しが弱くなり、木の葉が風に舞い落ちる。少しずつ雪の降り始める時季。

木枯らし

はじめて仕事で東京への一人旅をした時。
打ち合わせが終わって外へ出ると
すっかり日が暮れている。
ゴゥーゴゥーとつめたい風が吹き荒れて
舞い上がり吹き散らされるのは街路樹の枯葉。
行き交う人々の髪もコートの裾も踊っている。
みなみな身をかがめ急ぎ足。
はやく家に帰りたいと私も急に心細くなった。
「昨日東京に木枯らし一号が吹きました」
京都に帰って聞いたニュース。
木枯らし一号。
ただそれだけなのに京都にいてもあれ以来
冬の始まりを告げるつめたい北よりの風は
私の心になんだかよく判らない感情を
想い起こさせます。

落ち葉掃き 落ち葉焚き

幼い頃に住んでいた家には通り庭や土間、吹き抜けの天井がありました。こういった古い家では、火はとても身近に感じられるもの。お風呂《ふろ》やおくどさんも薪《まき》で焚《た》いていましたし、神棚やお仏壇にも毎日火を灯《とも》し、火鉢には炭火。家のお手伝いをしていると、子供でも火を使わない日はありませんでした。

何をするにしても火加減は大切で、ただ火を点《つ》ければよいというものではありませんでしたが、その辺の扱いは慣れたもの。焚き火にだって一人前に一家言《いっかげん》あり、得意になって火の番をしていたものです。

マッチや新聞紙、薪や藁《わら》で作った火はとても暖かくて好き。火がつくと漂い出す炭なら炭、焚き火なら焚き火の独特な匂いも好きでした。今や家庭の火はガスと電気になり、火鉢や竈《かまど》もあまり見なくなりました。焚き火まで条例で禁止されてしまい寂しい限りですが、あの温もりや匂いは、強い思い出として私の中に残っています。

だからという訳でもないのでしょうが、神社やお寺の行事でも火を扱うものには、特に惹《ひ》かれますし、あぜ道なんかを歩いていて、焚き火の匂いなどが漂ってくると、おもわず探さずにはいられません。そして見つけると誰か懐かしい人に再会した時のように、喜んで寄っていってしまうのです。

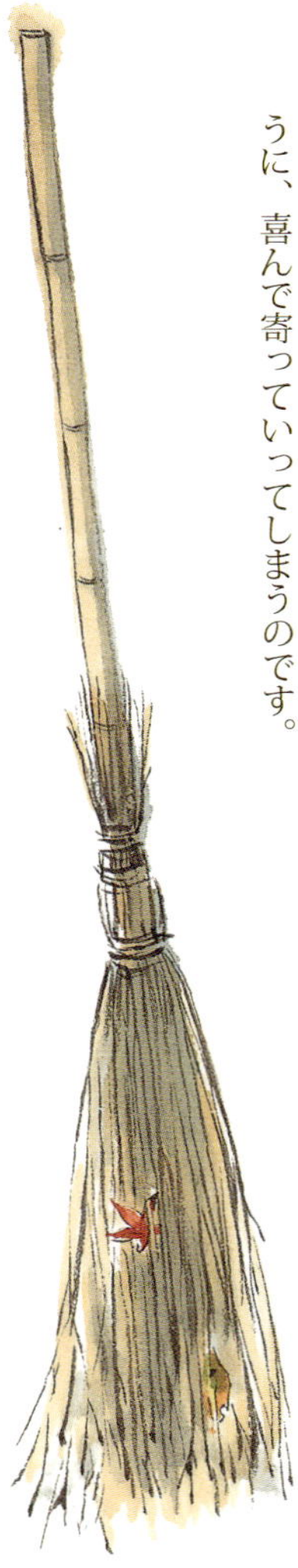

明けたと
思へば
たちまち
暮れる
日々に
日が短くなったと
言ひながら
あわてても
何も
できず

十一月も半ばを過ぎるといよいよ紅葉《もみじ》が色づき始める。冬にむかって散ってゆく寂しさを感じさせながら、辺りを全てまきこんで、真っ赤に染め抜いてゆく様には圧倒されます。神社やお寺の古風ないでたちと紅葉《こうよう》の組み合わせは、何ともいえず好ましいもの。五重の塔や歴史的山門も、この時ばかりは朱《あか》い葉に主役の座をゆずります。

すっかり日が短くなってしまいましたが、少しでもこの季節を味わいたくて、時間を作ってはいそいそとでかけます。どこへ行っても美しいけれど、どこへ行っても人が多いこの時季。写真やテレビでは決して得られないものがあるのをみんな知っているからでしょう。神社仏閣はもちろん、周辺のお店や、甘味屋さんまで大入りです。

二十五日には、南座で恒例の「まねき上げ」。庵形《いおりがた》の看板に大入りを願い、勘亭《かんてい》流で隙間無く書かれた役者さんの名前。古式のまねきがずらっと並びます。

「まねき」が上がるといよいよ年の瀬という雰囲気が京都に漂い始める。クリスマスとはひと味違う華やいだ雰囲気と活気が、年の終わりが近づくにつれ、いっそう忙しく賑《にぎ》やかになっていきます。

師走《しはす》

嵯峨野《さがの》にある広沢池《ひろさわのいけ》では十二月になると「鯉揚《こいあ》げ」が始まります。池の水を抜き、魚を浅瀬に追い込んで網で引き揚げる京都の冬の風物詩のひとつで、とれた鯉や鮒《ふな》、モロコ、エビなどが売られます。

鯉揚げを見るとしみじみ「十二月だなぁ」と思いますが、私が好きなのは、この後。すっかり水が抜かれ、干潟のようになった池は人気《ひとけ》もなくとても静か。杭《くい》や船が置き去りになって、もの悲しいような、わびしいような、よい風情です。大覚寺《だいかくじ》の大沢池《おおさわのいけ》と並び、風光明媚《めいび》な観月の名所として知られる池のもう一つの顔は、すっかり冬支度を終えた山や畑を背景に映える、とことん枯れた美しさ。

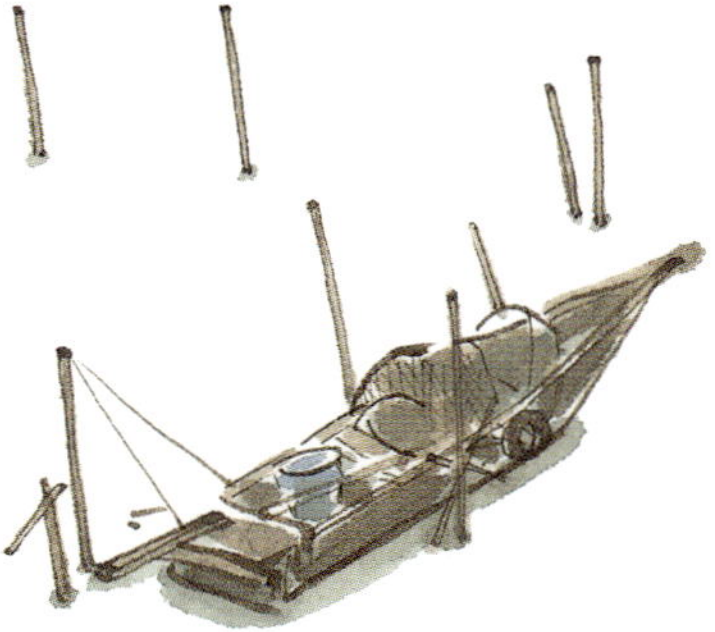

大根焚き

京都の冬野菜はとっても美味《おい》しいですよ。特に大根やかぶら。寒ければ寒いほど甘味が増します。お漬け物、かぶら蒸し、鍋《なべ》や焚《た》き物。身体の芯《しん》からぽかぽかです。

そんな冬の定番の一つが「大根焚《だいこだ》き」。こちらでは大根を「おだいこ」とも呼ぶので「だいこだき」。十二月になると、あちらこちらのお寺で大根焚きが行われて、湯気の立つ熱々の大根が参拝者の体を温めます。

代表的なのは鳴滝《なるたき》の了徳寺《りょうとくじ》さん。その歴史は古く、建長《けんちょう》の四年（一二五二）、法然《ほうねん》上人の遺跡を訪ねて鳴滝にやってきた親鸞《しんらん》上人に、村人が大根を煮てもてなしたのが始まり。大根焚きの当日は、村人の心遣いに感激した上人が、庭のすすきを束ねた筆で残した「帰命尽十方無碍光如来《きみょうじんじっぽうむげこうにょらい》」の文字も公開されます。

日蓮《にちれん》上人縁の大根焚きは、三宝寺《さんぽうじ》。大根焚きと一緒にいただいた「ゆずごはん」が気になって聞いてみたら柚子《ゆず》は日蓮さんの好物なんだとか。なるほど……。

千本釈迦堂《せんぼんしゃかどう》では、お釈迦様が悟りを開かれたとされる十二月の八日、法要に集まった人達に大根がふるまわれるほか、お釈迦さまの名を一字であらわす梵字《ぼんじ》の書かれた丸い聖護院《しょうごいん》大根がおみやげに売られています。

いろんな「だいこだき」がありますが、そこにあるのは寒い師走《しわす》に温かいおもてなしの心。寒空の下、境内で食べるのでいっそうホクホクと温かさを感じます。食べると一年健康でいられるといいますから、感謝の気持ちで美味しくいただいて、新しい年を迎えたいですね。

湯気も
ありがたや
だいこ焚き

大雪《たいせつ》

二十四節気の一つ。十二月八日頃。雪のたくさん降る時季。南天の実が赤く色づき、すぐに冬将軍がやってくる。

そろそろ
ユリカモメ
が
やってくる
ころ

時は平安、「使用した針を供養せよ」と言われたのは、清和《せいわ》天皇。この一声で京都嵐山の法輪寺に針を収めるための「針堂」が建てられ、宮中で役目を終えた針の法要が始まりました。

今も続く針供養。ご本尊の虚空蔵菩薩がいらっしゃる本堂の前には「御針納箱」が置かれ、和洋裁に携わる方たちが、折れたり錆びたりした廃針を納めに訪れます。皇室の供養が行われる本堂では、大きなコンニャクが二段重ねに置かれ、それに感謝の気持ちを込め色糸を付けた大針を刺し、裁縫や技芸上達の祈願をし手を合わせます。柔らかいコンニャクに刺すのは、いままで働いてくれた針に、お疲れ様と休んでもらう労《ねぎら》いの形。つくも神の災難にあわない工夫は、ものに対しても労をねぎらう思いやりが何よりだったのでしょう。日本人らしい大切な想いですね。

同日、十二月八日は特に関西方面では「事納め」とも呼ばれ、お正月の準備を始める日。農耕の作業はこの日に終えて、身を慎んでお休みするということです。この日に針供養が行われることで、昼間は畑作業、夜には針仕事と、当時の女性にとっては、日々欠かすことのできない仕事もお休みです。針だけでなく女性も労う意味があったのかも知れません。

法輪寺の針供養は、明けて二月八日にも行われます。年末の忙しさで行けなかった人には、とてもありがたいですね。またこの日は農耕を始める日とされています。

帰りには甘酒をいただいて帰りましょうか。

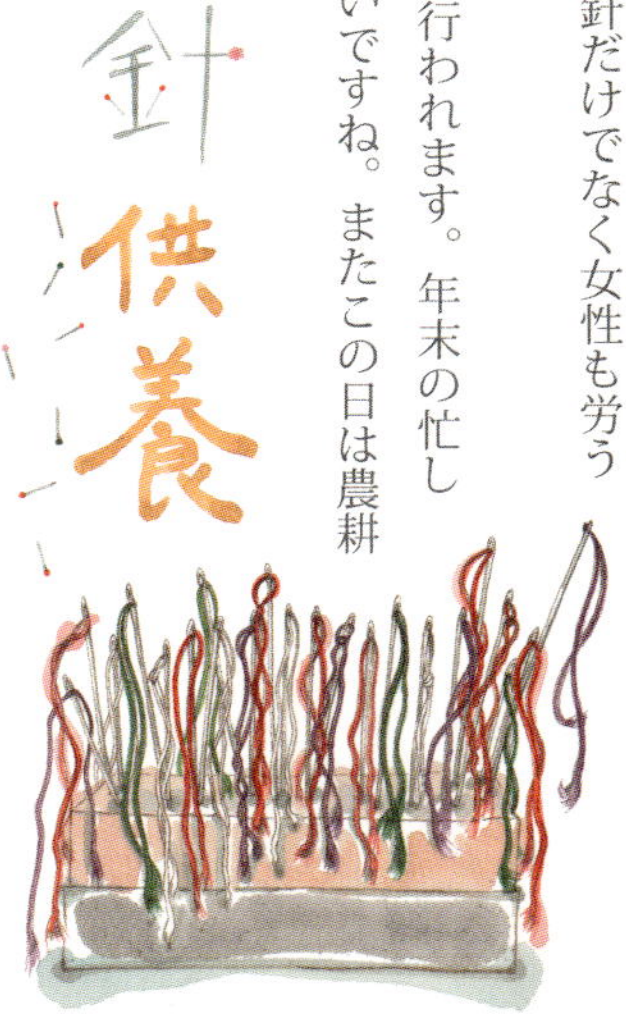

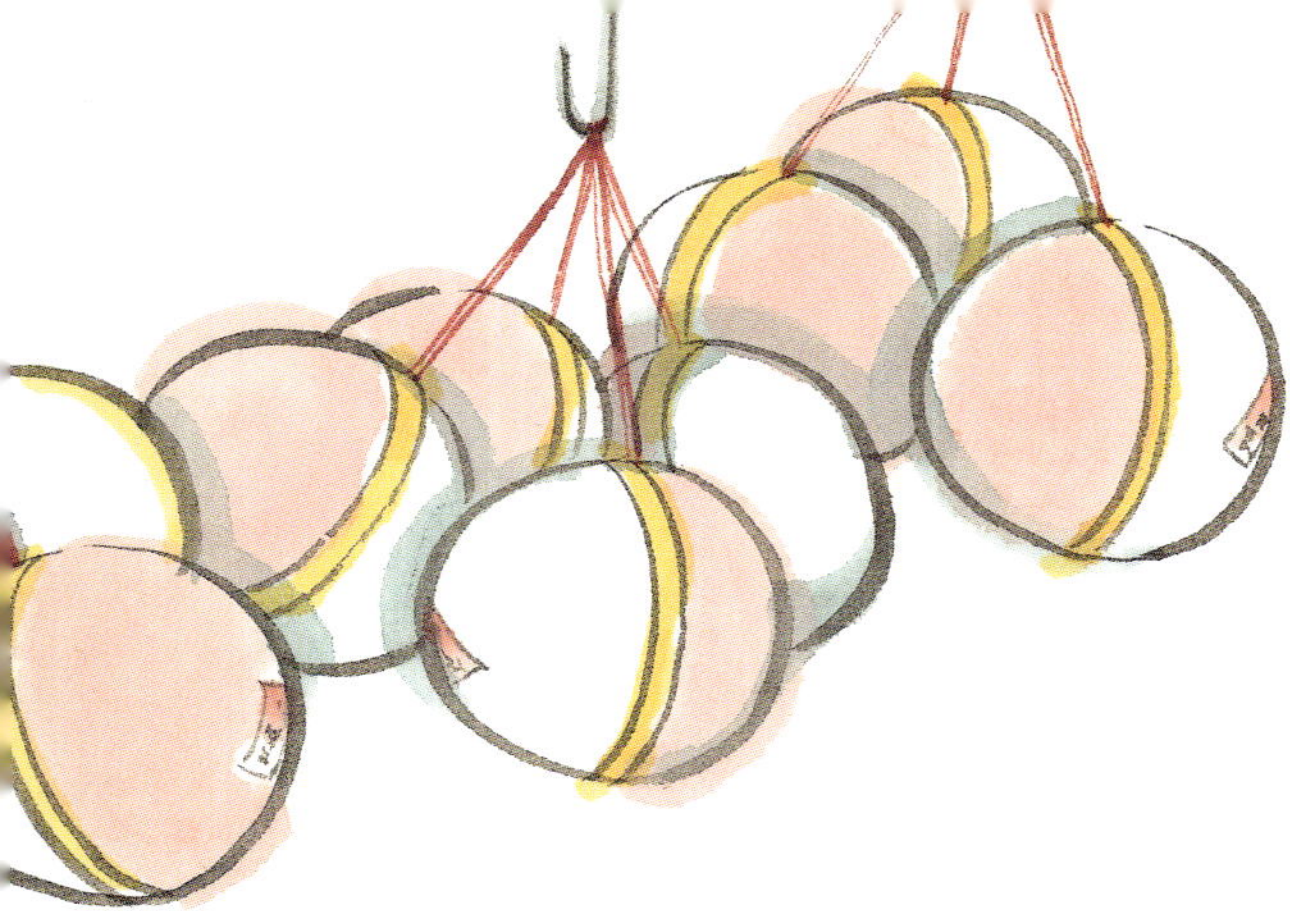

京都の師走を告げる南座のまねきが上がり、顔見世の千秋楽、十二月下旬までは約ひと月。祇園《ぎおん》では、舞妓《まいこ》さんも芸妓《げいこ》さんもお師匠さんも、みんなみんな大忙し。花街の年の瀬は賑々《にぎにぎ》しく、華やかに暮れていきます。

「おめでとうさんどす」十二月十三日は「事始め」。舞妓さんや芸妓さんが芸事のお師匠さんやお茶屋さんを訪ね、少し早い一年のお礼と新年の挨拶《あいさつ》をする花街の行事。この時季になると祇園で売り出される「福玉」が、お店の軒下につられているのがかわいい。大晦日《おおみそか》に、芸舞妓さんが「おことうさんどす」と挨拶に来た時に、一年の労をねぎらって渡す縁起物として、お茶屋さんやご贔屓《ひいき》のお客さんが買い求めます。もらった福玉を下げて歩く舞妓さんの姿が、またかわいらしい。除夜の鐘の

事始め　祇園　福玉

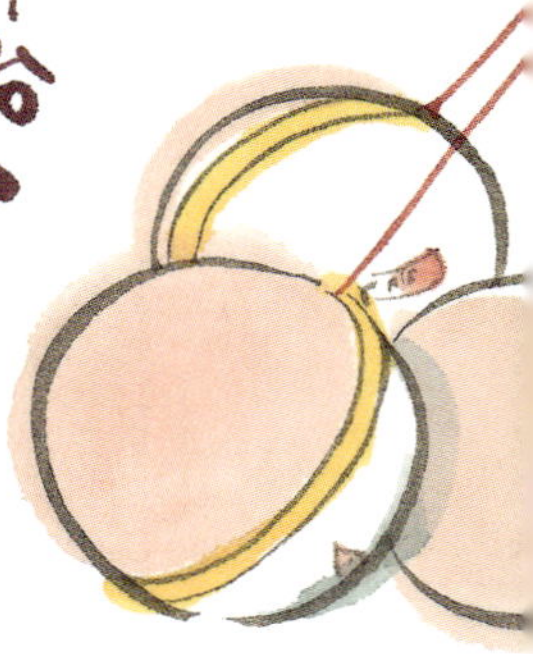

あとに割ると、中には打ち出の小槌《こづち》や干支の置物などが入っています。縁起が良いので、おみやげにもいいですよ。

　花街の事始めが始まったら思い出す縁起物がもう一つ。北野《きたの》さんの大福梅《おおふくうめ》です。境内で採れた梅を干したもので、十三日から授与が始まります。元旦にお白湯《さゆ》に入れて飲み新年の招福と息災を祈るのですが、これが素朴で美味しいんです。六粒も入っていて、何度もつぎ足して飲んでしまいます。

天神さん　縁起物　大福梅

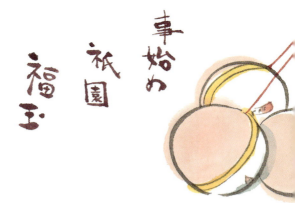

京都では昔から有名な市が立つ日があります。

毎月二十一日の「弘法市《こうぼういち》」、毎月二十五日の「天神市《てんじんいち》」。地元の私たちは、親しみを込めてこの市を「弘法さん」「天神さん」と呼んでいます。

弘法さんは、弘法大師空海さんの月命日に東寺で開かれ、天神さんは、菅原道真《すがわらのみちざね》さんの生誕日でもあり命日でもある日に北野天満宮で開かれます。それぞれこの日はご縁日にあたり、空海さんや道真さんと深いご縁を結べる日であって縁日には詣でる人が沢山いたので、市も立ったということでしょうね。

市では古着、骨董、古道具、乾物に植木。見ているだけでいろいろ欲しくなってしまいます。中でも十二月の弘法さんは「しまい弘法」、天神さんは「しまい天神」と呼ばれ、朝も早よから、いつもよりさらに沢山の人出で賑わい大変です。身動きがとれなくなり「年の瀬の忙しい時によようこんだけ人があつまるなぁ」などと自分のことを棚にあげる私。

しまい弘法に足を運べば、まずは、ご本尊の薬師如来さまに手を合わせ、続き弘法さんとお不動さまにご挨拶。「今年も無事に暮らせました。おおきにです……」そしていそいそと市をのぞきます。見ているだけでも楽しいお店が目白押しでなかなか前にすすみません。年の瀬にはお正月用の染付けの取り皿を探したりするのも楽しみのひとつです。

私の秘訣としては気合いを入れていどむより、気楽に回ったほうが、出会い物がやってくるように思います。足を運べば、きっと自分の埒外《らちがい》の発見がありますよ。

終《しま》い、しまいとせかされて……。気づけば今年もあと何日と、京都のいちねんの終わりが顔を見せます。

冬至

二十四節気の一つ。十二月二十二日頃。一年中で最も昼が短く、夜の時間が長くなる日。

冬至を境に日の当たる時間は段々と延びていきますが、寒さの本番はむしろこれから。疲れ衰えた太陽が死に、生まれる日ともいわれます。命が終わり、新たに生まれ変わる日、新しいことの始まる日。太陽の恵みや食べ物が少なく、不安になる季節を昔の人はそんなふうに前向きに考え、さまざまな工夫で乗り越えてきました。

例えば、かぼちゃの「運盛り」。冬至に「ん」のつくものを食べると「運」が良くなるといいます。特に「れんこん」や「にんじん」など、二回つくものがより縁起がいい。かぼちゃは「なんきん」。保存の利く夏野菜のかぼちゃを大切にとっておいて冬の貴重

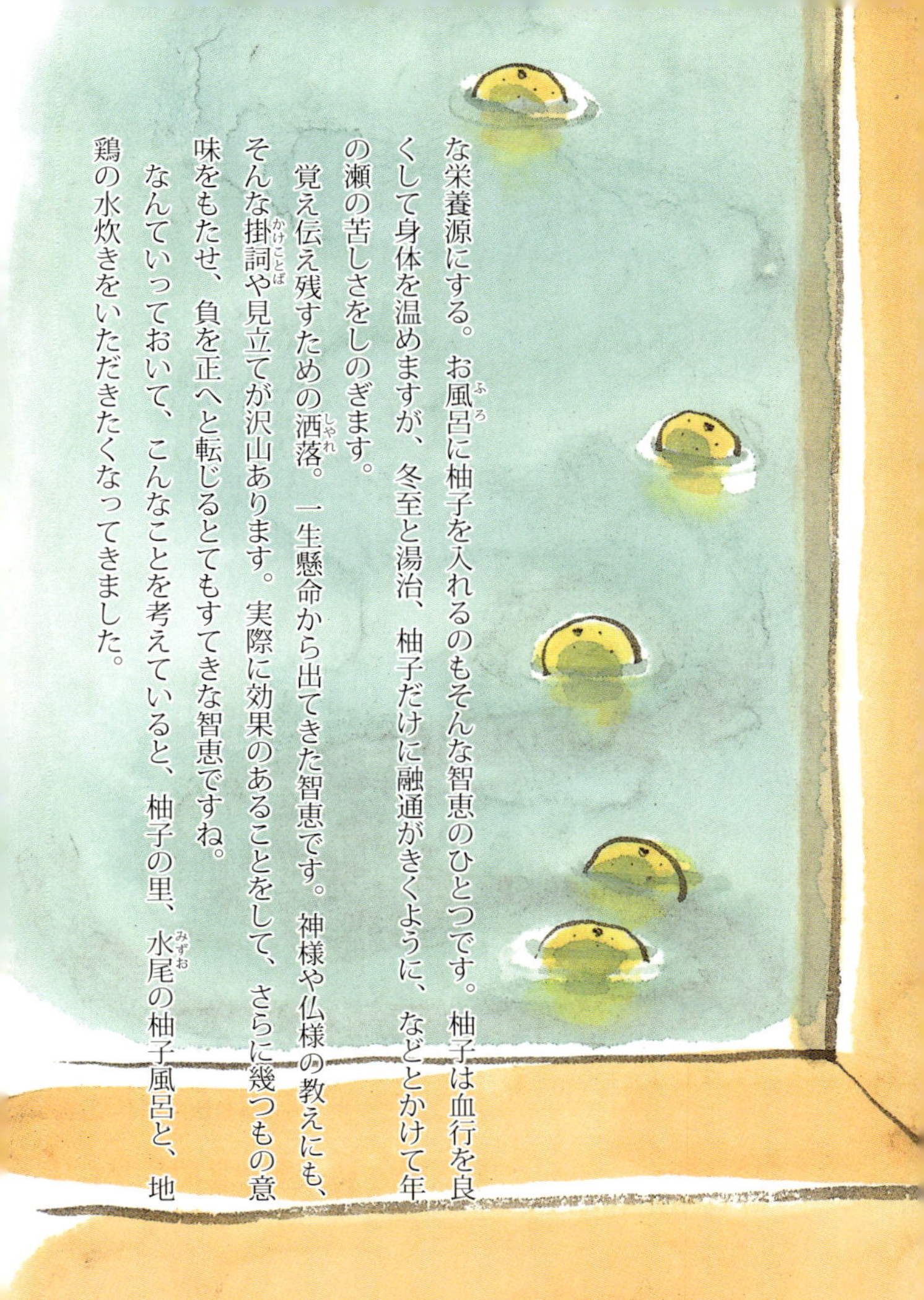

な栄養源にする。お風呂《ふろ》に柚子を入れるのもそんな智恵のひとつです。柚子は血行を良くして身体を温めますが、冬至と湯治、柚子だけに融通がきくように、などとかけて年の瀬の苦しさをしのぎます。

覚え伝え残すための洒落《しゃれ》。一生懸命から出てきた智恵です。神様や仏様の教えにも、そんな掛詞《かけことば》や見立てが沢山あります。実際に効果のあることをして、さらに幾つもの意味をもたせ、負を正へと転じるとてもすてきな智恵ですね。

なんていっておいて、こんなことを考えていると、柚子の里、水尾《みずお》の柚子風呂と、地鶏の水炊きをいただきたくなってきました。

そういえば子供の頃の年末は、本当にあわただしかった。私は両親と歩いていると「お孫さんですか」と聞かれるほど、とーっても遅くにできた子だったので、ちいさい頃から力仕事や物の上げ下ろし、手元の細々《こまごま》したことなどは、私のお役目。だから十三日を過ぎて市場にお正月用の品物が並びはじめ、お飾りを売る露店を見るとうんざり。暮れが近づくと何とか逃げだしたかった。

家を隅々までお掃除し、片付いた部屋からお飾りをしていく。それがすんだら重箱を出し、浸け戻しておいた棒鱈《ぼうだら》を炊き、豆を煮る、お餅《もち》をついたら、神様用とお正月用に分けてまるめ、形を作る。本当にあわただしくて、こたつから出たり入ったりしている猫の余裕がうらめしい。せっかく山茶花《さざんか》が咲き、南天《なんてん》の実が赤くなっても全く気づく余裕もありませ

んでした。

　もちろん今となってはいい経験だったと思います。昔の人はこんなのお茶の子さいさいの当たり前。今ではすっかりぐうたらの私ですが、知っているのと知らないのでは大違いだと思うんです。未《いま》だに上手に黒豆は炊けませんけど……。嫌々やらずにちゃんと習っとけばよかったと、少し後悔しています。

　ガスファンヒータが壊れたので、古い石油ストーブを引っ張り出す。灯油を入れるところから苦労して、なんだか新鮮。火を点《つ》けると煙が出る。びっくりしたけど懐かしい匂いがします。昔はこの上でいつも鍋《なべ》や薬缶《やかん》がしゅんしゅんいって湯気をだしていた。「加湿器なんかなかったものね」いまから思えば大活躍だったんだ……。

　今年はしばらくこれで行こうかな。

大晦日
おおつごもり
除夜祭
年越し蕎麦
除夜の鐘
ゆく年くる年
あわただしく刻きざみ

おけら詣り
歳神さまをお迎えします

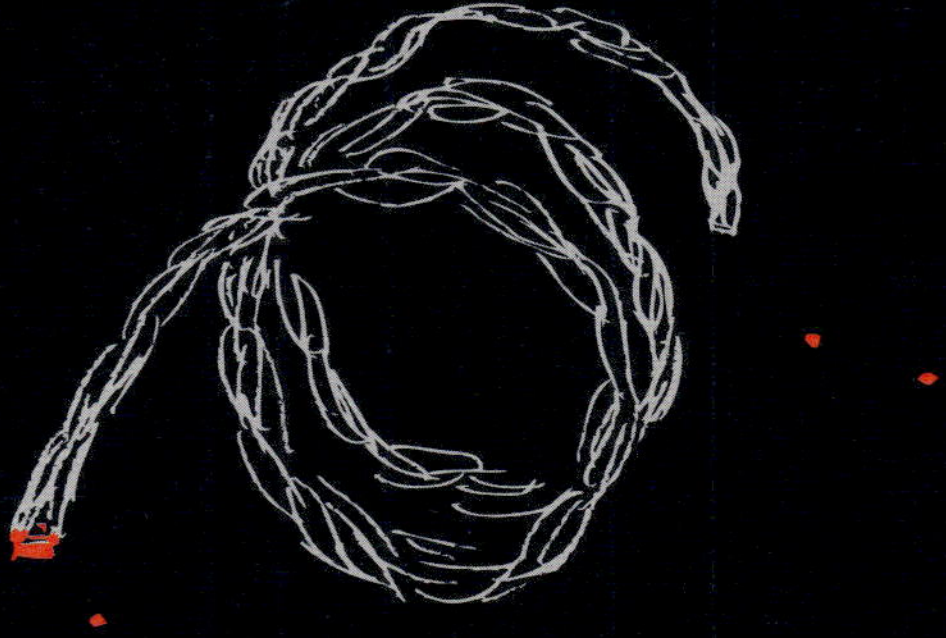

あとがき

今回、「京都のいちねん」の文庫化につきまして
奔走してくださった方々に心から感謝致します。
祥伝社さまのご好意で全ページカラーになり、
より一層、季節感を感じていただけたらと思います。

「京都のいちねん」というタイトルですが
せいぜい「私の身のまわりの」といいましょうか、
とても私的で思い出のような京都にとどまり、
描けば書くほど、まだまだ語りつくせないのが
京都の奥深さなのだと気付きました。
そんな、きりない気持ちを抑えつつ、
いくつか加筆させていただきました。
京都について書くたびにジレンマがむくむく。です。
またこれからも、ひとつひとつ、
丁寧に京都のことを描いていければと思っております。

この本を手にとってくださったことを心から感謝致します。

そして、どこかでだれかのお側で寄り添い
「今の京都はどんなだろう」と
ページをめくって、楽しんでもらえますように。

祥伝社黄金文庫

京都《きょうと》のいちねん

―私《わたし》の暮《く》らしの約束《やくそく》ごと

令和元年12月20日　初版第1刷発行

著者　小林由枝《こばやしゆきえ》

発行者　辻 浩明

発行所　祥伝社《しょうでんしゃ》

〒101－8701
東京都千代田区神田神保町3－3
電話　03（3265）2084（編集部）
電話　03（3265）2081（販売部）
電話　03（3265）3622（業務部）
www.shodensha.co.jp

印刷所　萩原印刷

製本所　積信堂

本文デザイン　黒正　啓貴

カバーデザイン　こやま　たかこ

図版作成　J-ART

本書は2011年11月、角川書店より刊行された『京都のいちねん』を文庫化したものです。

　ISBN978-4-396-31774-4 C0195